AF391533

JEAN-BAPTISTE GIRAUD

PRÊTRE D'ARLES

Hospice de la Charité   Cliché MARCHISIEAU. Arles.

JEAN-PIERRE GIRAUD DE PEINT, FRÈRE DE L'ABBÉ

(1720-1786)

ABBÉ M. CHAILAN
Ancien curé d'Albaron

UN GRAND VICAIRE

de Monseigneur de BELLOY

Evêque de Marseille

Jean-Baptiste Giraud

PRÊTRE D'ARLES

(1722-1798)

BERGERAC

IMPRIMERIE GÉNÉRALE DU SUD-OUEST (J. CASTANET)

Place des Deux-Conils

1911

PRÉFACE

La vie de Jean-Baptiste Giraud ne présente rien de bien extraordinaire. Cadet d'une famille de bourgeois, il embrasse la carriere ecclésiastique, franchit tous les degrés de la hiérarchie, et meurt grand vicaire sans avoir atteint à l'épiscopat. Mais dans ces différentes situations qu'il remplit de son mieux, il n'y a rien qui brille en lui. Cantonné à peu près toute sa vie dans sa ville natale, il n'en sortira presque jamais. On ne voit pas dans son existence, pourtant assez longue, qu'il ait entrepris aucun grand voyage, alors que ses fonctions dernières et ses ressources auraient pu le lui permettre. Pendant la période la plus troublée de la Révolution, tandis que la plupart de ses confrères non jureurs prenaient le chemin de l'exil, lui, au contraire, demeure et n'est nullement inquiété. C'est bien le prêtre d'ancien régime, tel que nous aimons à nous le figurer : homme de devoir avant tout, d'ordre, de science théologique, de petits défauts et travers, de bonne société et de vie cachée, se contentant des quelques rares relations que lui procurait son état. De prime abord, il semble qu'il n'y ait rien à dire sur le compte de ce prêtre, et pourtant grâce au soin méticuleux qu'il prenait de conserver les lettres qu'il recevait, la copie de celles qu'il envoyait et les documents qui le concernaient, grâce aussi à l'habitude qu'il avait de prendre des notes de lecture, de recueillir ou de

copier les pièces d'archives intéressantes, les éléments abondent pour écrire sa biographie. Il faut s'en féliciter. Par lui nous savons nombre de petits faits historiques qui seraient restés dans l'oubli. C'est un émule et un précurseur de l'abbé Bonnemant, son contemporain, dont il faudra bien aussi quelque jour retracer l'attachante physionomie. Et notre but en essayant de peindre cette figure de prêtre est de chercher à faire connaître davan-
·tage l'ancien clergé d'Arles (1).

1. Cette biographie est faite d'après les notes prises dans les manuscrits de l'abbé Giraud, recueillis et mis en ordre par Louis Mége. Ils comprennent les n°s 112-124, soit 13 vol. déposés à la Bibliothèque d'Arles.

Un Grand Vicaire de Mgr de Belloy

Jean-Baptiste Giraud

PRÊTRE D'ARLES

(1722-1798)

I

Jeunesse de Jean-Baptiste Giraud (1722-1748)

Jean-Baptiste Giraud naquit à Arles, sur la paroisse
Saint-Martin, le 25 février 1722. Il fut baptisé le même
jour par le curé Nègre, et fut tenu sur les fonts baptis-
maux par Jean-Baptiste Maureau, « bourgeois », son oncle
maternel, et par Louise Debezieux, épouse de Barthélemy Maureau, son autre oncle maternel. Son père,
Jacques Giraud, marchand drapier, était décédé peu de
temps avant sa naissance, et sa mère se nommait Marie-
Anne Maureau. Il avait un frère, Jean-Pierre Giraud,
plus âgé que lui de deux ans, avec lequel il resta inti-
mement lié toute sa vie et dont nous aurons à parler à

plusieurs reprises. La famille à laquelle il appartenait ne manquait pas d'une honnête aisance, acquise dans le négoce. Elle possédait des armoiries parlantes que son père avait acquis le droit de porter en 1697 et qui se blasonnaient: *D'azur à l'étoile d'or entourée d'un cercle d'argent.* Le jeune Giraud fit ses études classiques au collège d'Arles, dirigé alors par les pères jésuites. En qualité de cadet, il fut destiné par sa mère à l'état ecclésiastique. Il n'était pas loin d'ailleurs du séminaire où enseignaient, à cette époque, les Pères de Sainte-Garde, et il fit, à leur école, ses études théologiques. Parmi ses condisciples il faut citer : Louis Tourniaire, Alexandre Tinellis de Castellet, Charles-Sébastien de Saint-Martin, Etienne de Saint-Roman, dont on retrouve les noms dans l'histoire religieuse d'Arles. Il conserva toujours le souvenir de ses anciens maîtres et garda, en bonne place, dans sa maison, le portrait du père de Salvador (1), leur supérieur, alors qu'il était leur élève. Au moment où Jean-Baptiste Giraud entrait au séminaire, le nombre des séminaristes était fort restreint et même insuffisant pour assurer le service des paroisses. Le manque de fonds pour élever gratuitement de jeunes ecclésiastiques et pour donner des pensions aux vieux curés infirmes était la cause de cette pénurie. Les directeurs du séminaire avaient à peine de quoi subsister. Il y avait alors à la tête de la maison, M. Hody (2), prêtre du diocèse de Bayonne, d'une vertu exemplaire et d'une science peu

1. Salvador (Joseph-François de), né à Avignon, le 25 mars 1668, prêtre le 21 mai 1701, fondateur du séminaire de Ste-Garde de cette ville, élu supérieur perpétuel de sa congrégation en 1739, mort à Avignon, le 26 novembre 1745. L'ABBÉ REDON. *Les fondateurs de Sainte-Garde.*

2. Après la mort de Mgr de Bellefonds, Hody entra au séminaire des Missions étrangères, à Paris, où il mourut en 1796, après avoir été trois fois supérieur général. L'ABBÉ CONSTANTIN. *Les paroisses de l'ancien diocèse d'Arles.*

commune. Il avait été nommé supérieur à l'arrivée à Arles de Mgr de Bellefonds (1). Parmi ses collaborateurs se trouvaient Joseph Imbert, économe, Jean-Joseph Mérindol et Jean-Baptiste de Sigoyer, directeurs. Ce fut Mgr de Forbin-Janson (2) qui donna la tonsure au jeune lévite dans son palais épiscopal, le 11 juin 1740, et il reçut, de son successeur, Mgr de Bellefonds, dans sa chapelle domestique, les ordres mineurs, le 22 décembre 1742. Il termina sa théologie en 1746 par l'imposition des ordres sacrés, mais comme l'archevêque venait d'être nommé à Paris et qu'il partit vers la fin du mois de mars de cette année, ce fut Mgr Joseph de Guyon de Crochans, archevêque d'Avignon, qui lui conféra, le 26 de ce mois, le sous-diaconat dans son palais ; le 9 avril suivant, Mgr d'Inguimbert, évêque de Carpentras, lui donna le diaconat dans sa ville épiscopale. Enfin il reçut la prêtrise, le 4 juin, à Nîmes, dans l'église des religieuses de Saint-Joseph, des mains de Mgr Charles-Prudence de Becdelièvre, évêque de cette ville (3).

L'abbé Giraud ne nous a conservé de son passage au séminaire d'Arles qu'une pièce, mais fort intéressante. C'est le règlement de la retraite qui fut faite au commencement d'une des années de son cours d'études théologiques. La veille les séminaristes s'assemblèrent

1. Bellefonds (Jacques-Bonne Gigault de), né à Montgivray (Indre), en juin 1698, évêque de Bayonne le 8 octobre 1735, archevêque d'Arles le 24 août 1741, transféré à Paris le 14 mars 1746, mort le 20 juillet de la même année. L'ABBÉ ALBANÈS. *Gallia christiana novissima, Arles* (1901).

2. Forbin-Janson (Jacques de), né à Paris, le 23 avril 1673, archevêque d'Arles le 5 avril 1711, mort le 14 janvier 1741, dans sa ville épiscopale. L'ABBÉ ALBANÈS : *Op. cit.*

3. Bibl. d'Arles. Ms 118 : *Titres, bénéfices et lettres de provision.*

à 4 heures du soir dans la chapelle de la maison, pour dire le chapelet et entendre une lecture pieuse d'un quart d'heure. Le supérieur entonna ensuite le *Veni Creator* qui fut suivi d'une exhortation et de la bénédiction du Saint-Sacrement. Tous les jours les élèves se levaient à 6 heures, ils partageaient leur temps entre la prière, des lectures spirituelles, des instructions qui leur étaient adressées et des méditations faites en leur particulier, comme il est d'usage encore de nos jours. Pendant les temps libres, ils devaient se livrer à des réflexions personnelles, ou bien examiner leur conscience pour la confession générale qui terminait ces exercices, ou bien encore ils pouvaient écrire leurs pieuses résolutions, les bons sentiments qu'ils éprouvaient, ou bien le règlement de vie qu'ils se proposaient de suivre. Voici les sujets sur lesquels se fit la méditation de 10 heures du matin.

Premier jour : Fin de l'état ecclésiastique.

Deuxième jours : Différence d'un prêtre lâche et déréglé avec un prêtre fervent au lit de la mort.

Troisième jour : La pénitence nécessaire non-seulement aux grands pécheurs mais aux âmes tièdes.

Quatrième jours : La mortification de Jésus-Christ dans sa Circoncision.

Cinquième jour : Les douleurs extérieures de Jésus-Christ dans sa Passion.

On conseilla aux séminaristes externes de ne pas sortir pendant le jour afin d'être plus recueillis.

A 3 heures du soir, avant l'entretien, avait lieu l'adoration de Jésus souffrant, expirant sur la croix.

A 9 heures du soir, se donnait le signal du couvre feu. Il fut recommandé aux retraitants de tâcher de s'endormir et de s'éveiller dans quelque bonne pensée.

Nous passons sous silence bien d'autres exercices que

l'on pourra retrouver dans le règlement même dont nous ne donnons qu'un abrégé.

Le jour de la clôture eut lieu la communion générale. A la messe à laquelle on assista en surplis et bonnet carré, on fit une courte méditation sur la rénovation des vœux du baptême et de la cléricature, et devant le Saint-Sacrement exposé, le célébrant récita la formule : *Dominus pars hereditatis meæ*, etc., que les prêtres, diacres et autres vinrent dire, deux à deux, leur barrette à la main. Après la bénédiction du Saint-Sacrement, chant du *Te Deum* et récitation des Litanies de la Sainte-Vierge.

Les séminaristes employés pendant cette retraite dont l'année n'est pas indiquée furent : Moreau, Chieusse et Coudert qui récitèrent l'office, Cavaillon, qui fut maître de cérémonie, Autheman, thuriféraire, Martin Pélissier et Sauvaire, acolytes, et enfin Jean-Baptiste Giraud, Marcelin Nalis, Antoine Bouchet et Charles de Saint-Martin qui chantèrent le *Pange lingua* et le *Veni Creator*.

Figuraient aussi sur ce règlement les

« Dispositions et moyens pour bien faire la retraite.

1. Entrer en retraite dans le dessein de se donner tout à Dieu.

2. Y entrer dans la ferme résolution de ne lui rien refuser de tout ce qu'il nous demandera.

3. Garder un rigoureux silence et un parfait recueillement dans le séminaire surtout, dans les rues et dans sa maison, et ne parler que par une nécessité.

4. S'occuper pendant ce temps-là à bien connaître ses défauts, ses imperfections, ses mauvaises habitudes, ses passions, et à faire une bonne confession ou générale ou annuelle.

5. Se choisir un directeur dans le séminaire, le prendre

pour son guide dans la voye du salut, lui bien découvrir son intérieur » (1).

L'abbé Giraud était prêtre. Quelle direction allait-il prendre ? On lui suggéra de quitter le diocèse. Voici, en effet, la lettre par laquelle le chanoine Rousset, son compatriote, le lui proposait :

« Monsieur,

J'ay appris avec bien du plaisir que vous aviez été fait prestre en ceste dernière ordination, je vous en fais mon compliment, et en conséquence de cela je vous prie de me marquer si vous seriez dans le dessein d'accepter le bénéfice de soudiacre qui vacque actuellement dans ce chapître, vous pouvez être assuré que M. le Cte de Muy notre juspatron se faira un plaisir de vous y nommer incessamment, les émoluments sont à 350 l. et outre cela vous avez un certain nombre de messes libres, le bénéfice est fixe et en titre, le chapitre de Grignan a des privilèges peu communs, ne dépendant que du Saint-Siège, et avec des honorifiques singuliers, monsieur le doyen est crossé et mytré et il officie pontificalement les jours des festes solennelles ; l'air de ce pays est fort bon, les aliments y sont excellents ; je serois bien flatté si je pouvois avoir la satisfaction de procurer à notre chapitre un aussi bon sujet que vous, et d'avoir auprès de moy un de mes concitoyens. J'ay lieu d'espérer que vous accepterez l'offre que je vous fais ; faites-moi la grâce de me marquer vos dernières résolutions par le premier courrier ; ne vous mettez pas en peine pour un habit de chœur, pour dix escus vous pouvez en faire un ; mandez-moi votre nom de baptême votre âge, et votre lieu d'origine ; je suis bien aise de vous dire qu'il y a plusieurs sujets qui se présentent,

1. Bibl. d'Arles. Ms 113 : « *Syndicat du chapitre de la sainte Eglise d'Arles* ».

et qui demandent le bénéfice, mais je puis aussi vous assurer sans présomption, qu'à ma considération vous leur seres préférés parce que je me feray un devoir d'attirer dans ce corps le plus de saints prêtres que je pourray. Je tacheray de vous procurer en mon particulier tous les services qui dépendront de moy ; j'ai souvent parlé de vous à nos messieurs et ils m'ont témoigné un grand empressement de vous avoir ; nous vous chercherons une pension ou vous serez bien. J'attends votre réponse avec empressement.

J'ay l'honneur d'être, Monsieur,

Votre très humble et très obéissant
serviteur,
Rousset, chanoine.

A Grignan ce 4 juillet 1746.

L'abbé ne répondit pas à ces avances, il n'alla point à Grignan, mais bien à Fourques, aux portes d'Arles, où l'envoya le 28 juillet 1746, en qualité de vicaire, Bertrand de Laval, vicaire général. Dès le surlendemain on lit sa signature aux registres de catholicité de la paroisse. Il eut pour curé, un prêtre archéologue, l'abbé Gérouin (1), auprès duquel il dut prendre goût aux choses anciennes, tout en se formant aux pratiques de zèle du saint ministère. C'est peut-être ce qui explique la quantité de notes qu'il a patiemment recueillies dans sa vie.

Un nouvel archevêque avait été nommé à Arles le 21

---

1. L'abbé Joseph-Mathieu Gérouin, né à Avignon en 1704, était missionnaire du diöcèse de Nîmes, lorsqu'il fut nommé vicaire à Fourques, en 1744. L'année suivante, il remplaça son curé, Symphorien de Pontes, appelé dans la ville. La cour de son jardin devint un musée d'antiquités que l'on venait voir de loin. Il entretint une correspondance suivie, qui mériterait d'être publiée, avec Seguier, de Nîmes et Esprit Calvet, d'Avignon. Il mourut, curé de Fourques, en 1761.

avril 1746, mais il ne reçut ses bulles qu'au mois de septembre suivant, et il ne vint prendre possession de son siège que le 22 novembre 1747. L'abbé Giraud fut présenté à Mgr Jean-Joseph Chapelle de Saint-Jean de Jumilhac (1), et conserva toujours les meilleures relations avec ce prélat, comme on le verra, dans le cours de cette étude ; son frère qui était alors à Paris, et qui avait eu l'occasion de le voir dans la capitale, fut également très lié avec le nouvel archevêque. Tous deux ne manquaient pas de lui écrire, à chaque renouvellement d'année, lorsqu'il était absent de la ville épiscopale.

Les débuts de l'abbé Giraud à Fourques furent pénibles. Le climat lui était défavorable. Il aurait voulu regagner sa chère ville d'Arles. Un canonicat allait être vacant à la Major. Il y avait à peu près un an et demi que l'abbé exerçait son ministère dans cette première place. Il crut bon d'intéresser son frère à sa situation. L'époque du premier de l'an fournit à celui-ci l'occasion d'intercéder pour son cadet, et lui faire obtenir un meilleur poste. Il écrivit donc à l'archevêque :

« Monseigneur,

« Les marques de bonté dont votre Grandeur a bien voulu m'honorer pendant son séjour dans cette ville, me font espérer qu'elle ne désapprouvera point la liberté que je prends de l'assurer des vœux que je fais a ce renouvellement d'année pour sa conservation. Je la supplie de les agréer.

Mon frère ne m'a point laissé ignorer, Monseigneur, l'avantage qu'il a eu de vous être présenté, il est pénétré comme moy de la plus vive reconnoissance, et nous

---

1. Jumilhac (Jean-Joseph Chapelle de Saint-Jean de), né le 30 septembre 1706, à Brives-la-Gaillarde, évêque de Vannes, le 2 avril 1742, archevêque d'Arles, le 21 avril 1746, décédé à Paris, le 20 février 1775. L'abbé ALBANÈS : *Op. cit.*

nous efforcerons l'un et l'autre de méritter une protection qui nous est précieuse et bien nécessaire. J'ose, Monseigneur, à son égard vous renouveller ma très humble prière. Il est dans un lieu dont il éprouve malheureusement que l'air est contraire à sa santé. Cette raison et son peu de fortune luy font désirer un changement qui luy seroit doublement avantageux. Si vos bontés le destinoient au bénéfice du chapitre de la Major qui doit être incessament vacant, il se trouveroit raproché de sa famille, et auroit le bonheur d'être plus à portée de vous marquer son zèle, son respect et sa reconnoissance.

Je suis, avec le plus profond respect,

Monseigneur,

de votre Grandeur, le très humble serviteur,

Giraud.

A Paris, ce 24 décembre 1747. »

L'archevêque lui répondit d'Arles, le 4 janvier 1748.

« Je suis très touché, Monsieur, des vœux que vous faîtes pour moy dans ce renouvellement d'année, elle me seroit très agréable si je pouvois vous y convaincre de mes sentimens pour vous et tout ce qui vous appartient. Je désire trouver les occasions de placer mieux Monsieur votre frère, et de vous donner en sa personne des marques du parfait attachement, avec lequel je suis Monsieur, votre très humble et très obéissant serviteur.

J.-Joseph, arch. d'Arles. »

Dans le courant de cette année l'abbé Giraud fut bien déplacé mais ce fut pour être nommé, le 22 septembre 1748, aumônier de la Charité de Beaucaire ; on l'éloignait au lieu de le rapprocher de sa ville natale. Sa situation ne fut pas brillante dans ce nouveau poste. Il ne recevait que 150 livres d'honoraires légués par Blacheron (1) pour lequel il devrait dire tous les jours la

1. Blacheron (Charles), bourgeois de Beaucaire, « insigne

sainte messe. De plus comme prêtre attaché à l'hospice, il avait à faire deux instructions par mois aux pauvres de la maison, à donner des répétitions de chant, des leçons de lecture et d'écriture aux enfants, à veiller au vestiaire des pauvres, à surveiller les travaux. Aux deux repas de la communauté il donnait un entretien spirituel. Il avait encore à sa charge les autres occupations du saint ministère, comme catéchismes, administration des sacrements, enterrements. L'abbé Giraud ne put suffire à l'ouvrage. Il se retira le 23 décembre 1748 et fut remplacé par Nicolas-Antoine Baigne qui ne resta pareillement que quelques mois (1).

usurier », mourut le 24 mai 1732, laissant sa fortune aux hospices de sa ville natale. Il fut assisté à ses derniers moments par l'abbé Claude-François de Narbonne-Pelet, alors doyen de Notre-Dame de Pomiers, mort évêque de Lectoure. Ms. 298 de la Bibliothèque d'Arles.

1. Arch. hospital. de Beaucaire. Délib. du bureau de l'Hôp. général (1730-1754). Nous remercions Monsieur Campagnac, économe de la Charité et Hôpital Doumergue de Beaucaire, et Monsieur l'Abbé Brossy, vicaire à Notre-Dame de cette même ville qui ont bien voulu faire, pour nous, cette recherche.

II

Premier séjour à Arles
de Jean-Baptiste Giraud (1748-1770)

IL EST NOMMÉ PRÊTRE CONVENTUEL DU CHAPITRE. — IL EST REÇU
BACHELIER DANS LES DEUX DROITS. — SES RAPPORTS AVEC LES
COMMUNAUTÉS RELIGIEUSES, AVEC LES ÉVÊQUES D'ANGOULÊME
ET DE GLANDÈVES. — RETOUR ET MARIAGE DE SON FRÈRE A
ARLES. — SACRE DE L'ÉVÊQUE DE SÉNÈS. — L'ABBÉ GIRAUD EST
NOMMÉ CHAPELAIN DE SAINTE-RUSTICULE, PUIS CHANOINE DE
LA MAJOR, ENSUITE CONFESSEUR DES CARMÉLITES. — SON FRÈRE
EST ÉLU « ARCHIVAIRE » DE LA CHARITÉ. — MORT DE LEUR
MÈRE.

L'abbé Giraud vint habiter sa bonne ville d'Arles. Il
fut nommé, en effet, prêtre conventuel du chapitre de
Saint-Trophime. A ce titre il avait à faire fonction d'officiant à tous les offices, alternativement avec un autre
confrère, en changeant chaque semaine, à chanter la
grand'messe, à faire le catéchisme le samedi aux enfants
de chœur, à servir les chanoines pendant les matines, à
les administrer en danger de mort ; ses honoraires n'é-
taient que de 120 livres, mais il avait droit à la table et
au logement, ce qui portait ses émoluments à 500 livres.

Entre temps il cherchait à donner une consécration à
ses études du Séminaire ; le voisinage d'Avignon lui
permit de se rendre dans cette ville où était une Uni-
versité célèbre pour y prendre le grade de bachelier en

droit canon et en droit civil. Ce fut dans le mois de février 1750 qu'il soutint devant Joseph-Ignace-Alexandre de Tholomas, représentant du Saint-Siège, les thèses qui lui donnèrent ce double titre. Elles ont été imprimées et la bibliothèque d'Arles en possède un exemplaire (ms. 413). Pour le droit canon il eut à répondre à cette question dont il dut envisager la réponse à plusieurs points de vue :

Si un accusé de quelque crime peut être promu aux ordres sacrés ou recevoir quelques dignités ecclésiastiques, tant qu'il est sous le coup de poursuites.

Quant au droit civil il fut interrogé sur les servitudes et sur la manière dont elles se perdent.

L'abbé se contenta de ces lauriers et n'en ambitionna pas d'autres.

Rentré dans sa ville natale, le service de la métropole l'occupa, on peut le dire, tout entier. Il n'était pas homme à remplir son devoir à moitié. On peut en juger par les différentes notes qu'il a laissées sur la manière de s'acquitter des divers emplois dont il a eu la charge. Malgré ce surcroit de travail, l'autorité ecclésiastique lui confia encore le soin spirituel de diverses communautés religieuses de la ville, entre autres celui des Carmélites. Dès le 11 juin 1749, il avait eu les pouvoirs de confesser et de prêcher dans toutes les églises de la ville. Il était jeune, c'était pour lui le moment de l'action.

Il ne négligeait pas néanmoins les rapports de société avec ses confrères. L'abbé Amédée de Broglie (1) fut nommé en 1753 à l'évêché d'Angoulême. Il conserva

1, Broglie (Amédée de), né à Arles en 1710, était fils de Jean-Joseph et de Jeanne d'Anthonelle. Vicaire à l'Ile (Martigues), de 1730 à 1747. Prononça en 1741, à Saint-Trophime l'oraison funèbre de Mgr de Forbin-Janson. Nommé évêque d'Angoulême, après avoir été chanoine d'Arles, il fut sacré à Paris le 3 mars 1754. Il mourut, très regretté de ses diocésains, le 9 avril 1784.

toujours ainsi que son frère les meilleures relations avec ce compatriote promu aux honneurs. Les papiers que l'un et l'autre nous ont laissés portent les traces de cette amitié, et le manuscrit 120 de la bibliothèque d'Arles renferme une lettre du 13 janvier 1757, écrite du château de Vars par laquelle l'évêque remercie Jean-Pierre Giraud de ses souhaits de bonne année. L'homme bien élevé qu'était l'abbé apparaît encore dans les affaires qu'il eut à traiter avec ses supérieurs, Gaspard de Tressemanes (1) supérieur des Carmélites d'Arles venait d'être élu évêque de Glandèves, l'abbé Giraud lui mande le 2 juillet 1755 :

« Monseigneur,
« Les marques de bonté dont votre Grandeur a bien voulu m'honorer dans le temps de sa supériorité des Carmélites me font espérer qu'elle ne désapprouvera pas la liberté que je prends de luy faire mon compliment sur l'honneur que le roy lui a fait en la nommant au siège de Glandèves ; osant l'assurer que personne ne prend plus de part à ce qui le touche que celui qui pénétré de reconnaissance pour tout ce qu'il luy doit a l'honneur d'être avec le plus profond respect de
Votre Grandeur,
« Le très humble et très obéissant serviteur. »

L'évêque lui répond d'Aix, le 15 juillet :

« Je suis très sensible, Monsieur, au compliment obligeant dont vous m'honorez, je serai toujours prêt à vous en marquer ma juste reconnaissance ; veuillez bien me conserver quelque part dans votre souvenir et

1. Tressemanes (Gaspard de), né à Riez en 1721, était fils d'autre Gaspard, seigneur de Brunet et de Madeleine de Bellier, chanoine d'Aix, sacré évêque de Glandèves le 19 octobre 1755, nommé en 1766, à l'abbaye de Saint-André de Villeneuve d'Avignon. Se démit en 1771 de son évêché et de son abbaye.

m'accorder le secours de vos prières pour m'obtenir de Dieu les grâces dont j'ai besoin pour porter un fardeau qui est au-dessus de mes forces. Je suis avec un respectueux attachement, Monsieur,

Votre, etc.

L'abbé DE TRESSEMANES, nommé à l'évêché de Glandève. »

Cette correspondance ne finira plus. Chaque année le prêtre lui écrit d'Arles au moins une fois pour lui présenter ses souhaits, et l'évêque est fidèle à lui répondre soit d'Entrevaux, siège de son évêché, soit même de Sausses. La lettre du 7 janvier 1756 mérite d'être rapportée par les détails qu'elle contient.

« Entreveaux 7ᵉ de l'an 1756.

« Je suis bien sensible, Monsieur, aux souhaits que vous faites pour moi et à la part que vous avés pris à mon indisposition, je ne doute point que les prières que vous avés addressé au ciel pour ma santé, n'ayent contribué à mon rétablissement, soyez bien persuadé aussi de la part que je prends à ce qui vous touche, et de la sincérité des souhaits que je fais aussi pour votre bonheur. Je me recommande toujours à vos saints sacrifices et suis en union de vos prières et avec un attachement infini, Monsieur, Votre, etc.

« † G. év. de Glandèves.

« Mes remercimens à Monsieur votre frère de ses souhaits pour moi. Assurés le bien de tout mon retour. »

« P.-S. — Je vous prie de faire faire des neuvennes aux saintes âmes que vous connaisses pour la réussite d'une bonne œuvre qui intéresse grandement la gloire de Dieu et pour que je devienne un évêque selon le cœur de Dieu. Mes compliments à Mᵐᵉ la prieure des Carmélites et à toute la communauté sans oublier le cher M. l'official [Joseph Raymond] que j'aime et estime infiniment. Qu'est devenue la fille qui servoit deux religieuses de la Miséricorde, faites-lui mes compliments et recomman- dez-lui d'appliquer ses communions pour moi et de prier aussy pour moi. »

Jean-Pierre Giraud fut aussi. très exact à écrire à cet évêque qui ne manquait jamais soit de lui répondre, soit de le rappeler à son souvenir dans les lettres qu'il adressait à son frère (1).

L'abbé Giraud était donc tout à ses fonctions. Le mardi 27 janvier il assistait, en qualité de prêtre con- ventuel, le chanoine Pillier qui présidait les obsèques solennelles de Trophime Peyras, 4e consul, mort, à 73 ans, d'une attaque d'apoplexie. Après l'absoute, chantée à Saint-Trophime, le cortège se dirigea vers l'église Saint-Lucien où le défunt fut inhumé (2).

A cette époque Jean-Pierre Giraud était à Paris. Il allait bientôt être rendu à son frère. La noble famille arlé- sienne de Peint était à la veille de s'éteindre. Le dernier rejeton était une fille : Marie-Anne de Peint. Un ma- riage fut projeté avec le frère de l'abbé. Il abandonna donc la situation qu'il pouvait avoir dans la capitale (3) et vint habiter la ville d'Arles. Homme d'ordre, il nous a laissé, outre un livre de raison, dont nous aurons à parler, bien des notes particulières, entre autres, une relative à son retour. Voici d'abord son itinéraire de voyage. Il prit congé le mardi, 20 avril 1756, passa à Paris les trois jours suivants et partit le samedi 24, sur

1. Bibliothèque d'Arles. *Manuscrit 120.* « Correspondance de Jean-Baptiste Giraud, I. »

2. Archives municipales d'Arles. Sacristie B.

3. L'on a dit que Jean-Pierre Giraud avait été un instant admi- nistrateur de l'Opéra, à Paris. Les archives de cet établissement ne font pas mention de cette gérance.

une diligence qui devait le mener jusqu'à Lyon. Il dîna à Chailly-en-Bière (Seine-et-Marne) et coucha à Pont-sur-Yonne (Yonne). Le dimanche, 25, dîna à Bassou (Yonne) et coucha à Vermenton (Yonne) ; le lundi, 26, dîna à Rouvray (Côte-d'Or) et coucha à Arnay-le-Duc (Côte-d'Or) ; le mardi, 27, dîna à Chalon-sur-Saône, coucha à Macon (Saône-et-Loire) ; le mercredi, 28, dîna à Riotier (?) et coucha à Lyon. Il déboursa 100 livres pour sa place à la diligence et 141 livres pour le port de ses bagages.

Il ne séjourna pas dans Lyon ; le lendemain, jeudi, 29 avril, il s'embarqua sur un bateau de poste qui se rendait à Avignon. Il ne fit que deux haltes dans ce parcours, l'une à Serrières (Ardèche), le soir du même jour, et l'autre, le lendemain au Pouzin (Ardèche). Le samedi, 1er mai, il arriva à Avignon où il passa la nuit. Il avait donné 28 livres pour sa place et 3 livres de pourboire au patron du bateau.

Le dimanche, 2 mai, il repartit en chaise de poste, dîna à Graveson, et dans la soirée était rendu à Arles. Cette dernière course lui coûta avec les étrennes, 13 livres 4 sols. Il est exact à noter les moindres dépenses du voyage, depuis ses repas jusqu'à ses aumônes. C'est ainsi qu'il laisse à Fontenay, au Palais royal, 3 livres 10 s.; au perruquier, à deux reprises, 12 sols. En route il fit provision d'asperges et de fraises qu'il paya 2 livres, 8 sols. Il distribua aux pauvres, 1 livre 4 sols. Parmi ses bagages se trouvaient de nombreux cadeaux que Jean-Pierre Giraud destinait à sa future épouse. Les préparatifs du mariage se firent activement. Marie-Anne de Peint, était fille de Jean et de Jeanne Avits. Elle était âgée de 48 ans, et n'avait plus ses parents. Sa mère était morte à Arles le 12 décembre 1744 et son père le 6 mars 1756, à 84 ans. La pauvre fille était incapable de gérer ses affaires ; elle avait besoin, comme mari, d'un homme d'ordre. Jean-Pierre Giraud était bien celui qu'il lui fallait. Par contrat de mariage du 17 juillet (not. Ant. Brunet), elle lui donna tous ses biens, estimés 60.000 livres, parmi lesquels un mas situé en Camargue, près du Sambuc, à condition qu'il porterait dès ce jour et dans la suite, lui et ses descendants, le nom et les armes de sa famille (1). Le mariage religieux se célébra à Saint-Julien, le 30 juillet 1756. Il fallut demander dispense à Rome, les époux étant parents au second degré. Ils donnèrent 24 livres au curé de la paroisse qui les maria, 3 livres au clerc, et 1 livre 4 sols à l'Œuvre de la Congrégation (2).

A partir de ce moment les deux frères ne se sépareront presque plus. Ils ne pourront vivre l'un sans l'autre, tellement leur vie sera mêlée. L'aîné, homme de raison était souvent consulté par le cadet qui lui rendait d'autres services. Il est probable que le riche mariage qui venait de se conclure était son œuvre ; en tout cas il fut toujours heureux et ne fut traversé par aucun mauvais nuage.

Un autre membre du chapitre de Saint-Trophime, Joseph-Antoine Amat de Volx, originaire de Sisteron, mais chanoine d'Arles depuis 1748, venait d'être nommé à l'évêché de Senès. Le sacre eut lieu chez les carmélites, le dimanche 18 septembre 1757. L'abbé Giraud assista à cette fête qui fut des plus solennelles. L'archevêque d'Arles fut le prélat consécrateur. Il était assisté des évêques de Marseille et de Nîmes. Les chanoines qui avaient été invités furent placés à droite du côté de la grande grille des religieuses, chacun avait une chaise de paille recouverte d'un tapis, les consuls étaient à gauche, presque au dessous de la chaire. Les portes de

---

1. L'écu de la maison de Peint portait: *de gueules au chevron d'argent édenté, accompagné de trois étoiles de même, 2 et 1.*

2. Bibliothèque d'Arles. Ms. 364 : *Actes et titres divers concernant la famille de Peint d'Arles.*

l'église étaient gardées par la maréchaussée de Tarascon. Les musiciens de Saint-Trophime chantèrent, pendant la messe, le *Benedictus*, et avant, la première
partie du ps. *Ecce quam bonum*. La cérémonie commen-
cée à 9 h., finit à 10 h. 1/4. Les chanoines et les consuls
furent invités ce jour-là à dîner chez l'archevêque. Le
repas fut somptueux. Dans la soirée, les messieurs
d'abord, puis des dames rendirent visite au nouvel évêque : on leur offrit des raffraichissements (1).

Le 20 février 1760 il fut présent à l'enterrement
d'Alexis Baigne, avocat du chapitre depuis le 23 avril
1748. Les chanoines firent l'enlèvement du corps, sans
que, par ordre, ni la paroisse de Sainte-Anne sur le
territoire de laquelle il demeurait, ni celle de Major où
il fut enseveli parussent au convoi funèbre. L'officiant
de semaine fit une petite absoute à Sainte-Anne et une
autre à la Major. Lorsque les chanoines de Saint-Trophime se retirèrent, ceux de la collégiale vinrent auprès du corps et finirent les prières de l'enterrement qui
fut gratuit. (2)

Cette même année il administra les derniers sacrements à un serviteur du chapitre, le plus ancien des
musiciens, le sieur Dou, qui mourut le 6 juillet, à l'âge
de 76 ans. Le lendemain, à 6 h. du soir, les chanoines
assistèrent à ses obsèques, et il fut enseveli dans le
caveau des chantres. Sa fille paya les frais d'enterrement. (3)

Les fonctions sacerdotales de l'abbé Giraud le met-
taient en rapport avec les communautés religieuses de
femmes de la ville. Aussi quand il leur arrivait un évé-

1. Arch. mun. d'Arles. *Sacristie B.*

2. Bibl. d'Arles. Ms 112 : « *Notes particulières sur l'église
d'Arles.* »

3. Arch. mun. d'Arles. *Sacristie B.*

nement heureux ou malheureux, comme prise d'habit ou de voile, décès d'une sœur, on ne manquait pas de l'en informer. C'est ainsi que le 24 mai 1762, il reçut une lettre circulaire imprimée signée « sœur Marie-Magdeleine de Faucon, avec cette suscription : « Pour Monsieur Giraud, très digne prêtre. » On lui apprenait le départ de ce monde de la sœur Louise Eugénie de Grille-Robiac, religieuse de la Visitation, aveugle depuis 14 ans, morte la veille, à l'âge de 65 ans 10 mois, un peu avant minuit, après cinquante ans de vie religieuse, ayant reçu l'assistance, à ses derniers moments, de son confesseur, l'abbé Coste, curé de Saint-Martin.

Cependant l'abbé Giraud était toujours à ses fonctions de prêtre conventuel. Ainsi le 22 octobre 1762, à 9 h. du soir, il prodigua les secours de son ministère à l'archiprêtre Joseph-Symphorien de Pontes, en lui administrant le sacrement de l'Extrême-Onction. Le malade mourut le lendemain et fut enterré le 24, dans la chapelle des Rois, à Saint-Trophime. Les administrateurs des deux hospices, la Charité et l'Hôtel-Dieu, assistèrent à son convoi funèbre. Le défunt était du Comtat Venaissin etâgé d'environ 65 ans. Il avait été curé de Fourques, chanoine de la Major, curé de Saint-Julien, et secrétaire de Mgr de Forbin-Janson qui l'honorait de ses bontés.

Ce fut encore le chanoine Giraud, premier conventuel, qui, étant de semaine, donna les derniers sacrements à un musicien du chapitre, Joseph Bourdelin, qui chantait la taille haute, depuis très longtemps. Quoique malade on lui payait ses honoraires et même, pour le soulager, quelque chose en plus. Il mourut le 2 juillet 1764, à 7 h. du soir, et fut enterré le lendemain. Ses collègues firent célébrer un service solennel pour le repos de son âme et chantèrent une messe de Gilles.

Il était le confesseur de quelques membres du chapitre, entre autres du chanoine Jean-Baptiste Quiqueran de Beaujeu qu'il assista à ses derniers moments et qu'il vit mourir le lundi, 10 septembre 1764. Le malade était chanoine depuis 1745, âgé d'environ 69 ans et d'une santé très chancelante. A ses obsèques auxquelles furent conviés les pauvres de la Charité, les pénitents blancs portèrent son corps. Il fut enseveli dans le caveau des chanoines, c'est-à-dire dans la chapelle des Rois.(1)

Depuis longtemps l'abbé Giraud s'acquittait de son modeste emploi de servant du chapitre, lorsqu'il en reçut un témoignage de reconnaissance. Tout en gardant ses fonctions il fut nommé, le 8 novembre 1764, à la bénéficiature de Sainte-Rusticule, fondée dans Saint-Trophime. Il succédait à Charles Joseph Tinellis de Castellet la Calmette qui venait d'être promu chanoine et qui possédait cette chapellenie depuis 1752, alors qu'il n'était que clerc tonsuré. L'installateur fut le notaire Brunet. Il eut pour témoins, Louis Lombard, prêtre et Joseph Hermitte, clercs, employés à la même église. Les chanoines présents à la cérémonie furent : Jacques de Grille-Estoublon, prévôt, Etienne-François-Xavier de Michel Champorcin, archiprêtre, Jacques-Henri de Grille-Robiac, sacristain, Esprit Michel Bellier, primicier, Joseph Raymond, trésorier, Pierre Manuel, Sauveur Pillier, Charles-Joseph Deloste, Julien Antoine Giffon, Antoine Autheman, Elisabeth-Victor Duquesne, Jean-Baptiste de Laurent de Beaujeu, Pierre-François Pazery de Thorame, Armand-René d'Aurivillier de Saint-Montan, Bernard d'Icard, théologal, Charles-Joseph Tinellis de Castellet. (2)

Une dignité plus haute l'attendait. Le 9 janvier 1766

1. Arch. mun. d'Arles. *Sacristie B.*

2. Quelques-uns de ces chanoines ont vécu sous la Révolution. On trouvera leur notice biographique ainsi que celle de plusieurs autres prêtres dont nous parlons dans cette étude dans un travail en préparation : *Le clergé d'Arles pendant la Révolution.*

il fut élu chanoine de N.-D. la Major, par le chapitre de cette collégiale. Il remplaçait Paul Pompée Anselme, mort le même jour, et le 11, il était installé par le notaire Chabran, en présence de François Trouche, citoyen d'Arles et de François Gavarry, ecclésiastique, et avec l'assistance de ses nouveaux confrères : Alexandre Pélissier, doyen, Maurice de Loys de Loinville, capiscol, Guillaume Bourdelon, Jean-François Sabatier, Antoine Desvignes, Joseph Clarion et Louis Léonard.

Cette nomination lui fut très agréable. S'il avait regret de quitter la métropole où il se dépensait depuis près de vingt ans, du moins il ne quittait pas sa ville natale. (1)

L'archevêque, mis au courant de cette nouvelle, se fit un plaisir d'en féliciter l'abbé et son frère, le 20 janvier 1766, par une lettre datée de Paris et adressée à chacun d'eux.

Au premier il écrivait :

« Je vous fais, Monsieur, mon sincère compliment sur le canonicat de la Major auquel vous venez d'être nommé, je vous assure qu'il ne vous arrivera jamais rien d'heureux que je n'y prenne une part toute particulière, vous pouvez juger par là des sentiments avec lesquels, je suis, sincèrement, Monsieur,

Votre très humble et très obéissant serviteur,

J. Jos. Arch. d'Arles. »

Au second il disait :

« Je suis charmé, Monsieur, d'apprendre la nomination de Monsieur votre frère, au canonicat du sieur Anselme, on ne pouvait faire un meilleur ny plus digne choix, ce nouvel état ne changera rien aux sentimens que j'ay pour lui, je vous prie d'en être bien

---

1. Biblioth. d'Arles. Ms. 118 : « *Titres, bénéfices et lettres de provisions* » concernant *l'abbé Giraud*.

persuadé, ainsi que du sincère dévouement avec lequel je suis, Monsieur, votre etc.,

J. Jos. Arch. d'Arles. »

L'année suivante, l'archevêque chercha à utiliser les services du nouveau chanoine. Il lui manda de Paris, le 20 juin 1767 :

« Mon intention, Monsieur, n'est pas de vous surcharger ni d'exiger de vous un travail au-dessus de vos forces. Je dois cependant vous dire que vous me ferez plaisir si vous voulez vous rendre à la demande des Dames Carmélites qui désirent que vous entendiez leurs confessions deux fois par semaine. Si vous vous en trouvez trop fatigué, vous pouvez être assuré qu'à mon retour, je prendrai des mesures pour vous donner du soulagement. Soyez persuadé du vénérable dévouement avec lequel je suis, Monsieur, votre très humble et très obéissant serviteur. J. Jos. Arch. d'Arles. »

Le chanoine Giraud fut très heureux de déférer au désir de son évêque ; il lui répondit, 6 jours plus tard :

« Monseigneur, j'ose prier Votre Grandeur d'être bien persuadée que je me fairai toujours un devoir de me conformer à ses intentions. Les Dames Carmélites doivent connoître tout mon zèle et tout mon dévouement pour tout ce qui les touche. Je suis d'autant plus décidé à entendre leurs confessions deux fois par semaine, quoique ma santé puisse en souffrir, que Votre Grandeur me fait espérer qu'elle me donnera du soulagement à son retour. Il seroit bien flatteur pour moi, Monseigneur, si je pouvois en deférant à vos ordres, mériter les bontés dont vous m'honorez. Je vous supplie de vouloir bien m'en accorder la continuation et de me croire avec le plus profond respect de

Votre Grandeur,

Le très humble et très obéissant serviteur,

Giraud, Chanoine.

Arles, le 26 juin 1767. »

Vers la fin de cette même année, il eut à entretenir l'évêque de Toulon d'une fondation de mission pour une paroisse de son diocèse, projet qui n'aboutit pas. Voici, en effet, ce que lui répondit de sa ville épiscopale, le 19 novembre 1767, Mgr Alexandre de Lascaris de Vinti mille (1) :

« Je ne puis qu'applaudir, Monsieur, à la bonne volonté de la personne pieuse qui voudroit établir une mission à Bormes. C'est certainement une très bonne œuvre à laquelle je concourrois volontiers de tout mon pouvoir. Mais comme le couvent des Minimes de Bormes n'est composé que de deux religieuses et que les petites communautés sont menacées d'être supprimées, je pense qu'il faut attendre ce qui sera décidé par la commission établie pour les affaires des religieux avant de prendre sur l'objet proposé aucune détermination.

Je vous prie d'être persuadé qu'on ne peut rien ajouter à la parfaite considération avec laquelle je suis, Monsieur, votre très humble et très obéissant serviteur.

A. év. de Toulon. » (2)

Une nomination qui réjouit le cœur du chanoine Giraud fut celle de son frère le 23 janvier 1768, qui fut élu, « archivaire » à la Charité. Cette place lui permettait de faire un peu de bien. En effet toute sa vie Jean-Pierre Giraud donna à cette maison des preuves de son dévouement et ne l'oublia pas dans ses dernières dispositions, comme on le verra. (3)

L'année suivante le chanoine fut affligé par une perte

---

1. Alexandre de Lascaris de Vintimille, né dans le diocèse de Marseille, en 1721, avait été sacré évêque de Toulon le 12 septembre 1759.

2. Bibl. d'Arles. Ms. 120 : « *Correspondance de l'abbé J.-B. Giraud. I.* »

3. Arch. hospit. d'Arles. Délibérations de la Charité (1762-1773).

qui lui fut bien douloureuse. Voici ce que son frère, également attristé, écrit, dans son livre de raison, à la date du mardi, 31 janvier 1769 :

« Mort de ma pauvre mère à midi et quart. Que Dieu l'aye reçue et luy aye fait miséricorde comme à moy même et à mon prochain. Elle étoit âgée de 78 ans 5 mois et 13 jours étant née le 18 août 1690. » Elle fut enterrée le lendemain, 1er février, à midi, dans l'église Saint-Martin. (1)

Le chanoine semblait heureux et content de la marque d'honneur que les prêtres de la Major lui avaient donné en le nommant leur confrère : il jouissait en paix de son bénéfice, continuant à vaquer à ses œuvres de zèle, lorsqu'un événement inattendu le força à s'éloigner de sa chère ville d'Arles.

1. Biblioth. d'Arles. Ms. 366 : *Livre de raison de Jean-Pierre Giraud de Peint.*

III

L'abbé Giraud, curé de Grans
(1770-1772)

PLUSIEURS LETTRES AU SUJET DE SA NOMINATION. — ACCEPTA-TION DÉFINITIVE ET PRISE DE POSSESSION. — ELECTIONS CHEZ LES CARMÉLITES D'ARLES. — DIFFICULTÉS AVEC LES SŒURS DU CURÉ ROUBIN, AVEC LES VICAIRES CHAUVIN ET BEC. — APPRO-BATION PROVISOIRE DES SAGES-FEMMES, DE LA MAITRESSE D'ÉCO-LE. — NOMINATION DE SON SUCCESSEUR, COMME CHANOINE DE LA MAJOR. — PRIÈRES PUBLIQUES POUR LES OLIVIERS DE GRANS. — CHOIX D'UN VICAIRE. — QUÊTES DES RELIGIEUX ET DES PÉNITENTS. — AUTOMNE SEC DE 1770. — COMMUTA-TION D'UN VŒU DE CHASTETÉ. — SES RAPPORTS AVEC L'ABBÉ LÉONARD. — LES GARÇONS DU DEVOIR. — MADAME LOUISE DE FRANCE, CHEZ LES CARMÉLITES. — MESSES DE FONDATION TRANSFERRÉES. — IL REÇOIT LA VISITE DE SON FRÈRE. — ARRI-VÉE DE L'ABBÉ DE LUBERSAC A ARLES. — BAIL DE LA DIME DES GRAINS. — LE PRÉDICATEUR DU CARÊME EN 1770 ET 1771. — L'ABBÉ DE CHAMPORCIN, ÉVÊQUE DE SENEZ. — DIFFICULTÉS AVEC L'ABBÉ BEC. — TEMPÊTE DE JUIN 1771. — PROCESSIONS D'ACTIONS DE GRACES DE 1770 ET 1771. — NOUVELLES D'AR-LES. — ARRIVÉE DE L'ARCHEVÊQUE A ARLES. — L'ABBÉ GIRAUD ET LES CONSULS LUI RENDENT VISITE. — LES ABUS DE LA PA-ROISSE. — PLAINTES CONTRE LE CURÉ. — SON CHANGEMENT.

Il y avait, non loin de Salon, à Grans, un prieuré,

cure de moyenne importance, « mais sans difficulté le meilleur du diocèse pour le revenu » dont le titulaire Pierre Robin venait de mourir le 20 juillet 1770. Pendant sa maladie l'archevêque avait recommandé à ses vicaires généraux, si Dieu l'enlevait de ce monde, de lui donner comme successeur l'abbé Giraud. Ce qu'ils firent le 22 juillet, et dès le 30, Mgr de Jumilhac, alors à Paris, écrivait au nouveau pasteur pour confirmer ce choix, en lui disant : « Je me suis proposé d'une part de donner à cette paroisse un bon curé capable de remplacer celui qu'elle a perdu, et de l'autre de récompenser vos services. Je souhaite que vous jouissiez longtemps de ce bénéfice et que vous viviez heureux et content. »

L'abbé ne s'attendait pas à cette nomination. Son premier sentiment fut de refuser. Il répondit donc à l'archevêque :

« Monseigneur,

Je suis véritablement pénétré des bontés dont Votre Grandeur m'honore en me destinant à servir en qualité de prieur-curé de la paroisse de Grans. Je sens toute l'obligation que m'impose un devoir de conscience pour vous obéir en ce qui regarde le salut des âmes que vous désirez m'être confiées. Mais s'il m'étoit permis de représenter à Votre Grandeur mon peu d'expérience d'une paroisse, mon peu de lumière pour les affaires temporelles et l'éloignement où je serai de tout conseil si nécessaire pour agir sûrement dans cette nouvelle position, je suis vivement persuadé que Votre Grandeur penseroit à me conserver dans ma patrie où je serois plus à portée des secours dont j'ai besoin pour ma propre conduite et celle des autres. Je n'oserois mettre sous les yeux de Votre Grandeur les diverses bonnes œuvres que je dirige avec son agréement dans la ville depuis 22 ans environ non plus que les petits secours que je dois à mon frère dans la situation de ses affaires. Ces idées ou raisons qui naissent en moi à ce moment peuvent être frivoles et superflues à votre juste discernement. Ainsi je consens, Monseigneur, à déférer aux ordres de Votre Grandeur en tout ce qui lui sera très agréable, je suivroi en tout tems un cours de providence, si elle veut absolument que je me rende à Grans. J'ose la supplier en même tems d'excuser la franchise avec laquelle je m'explique et ou je lui expose dans toute la sincérité de mon âme les réflexions que j'ai faites sur ce nouvel état où je m'attendois si peu et que je n'ai du tout point mérité. La réponse dont Votre Grandeur voudra bien m'honorer fixera mes défiances, résoudra mes difficultés et mettra le comble à la confiance entière que j'ai à l'étendue de ses lumières. J'ai l'honneur d'être avec une soumission sans borne et le respect le plus profond, Mgr, etc., »

Le frère crut bon, le 6 août 1770, d'écrire aussi à l'archevêque et dans le même sens. On remarquera sous la politesse des termes, l'inquiétude profonde que respire cette lettrre :

« Monseigneur,

Quelle reconnaissance ne vous dois-je pas et combien ne suis-je pas pénétré de toutes vos bontés pour mon frère. Rien n'a pu égaler ma surprise en apprenant que vous aviez bien voulu penser à lui pour le prieuré de Grans et confirmé la nomination que messieurs vos vicaires généraux en ont faite sur ce que vous leur en aviez marqué. Il n'est pas douteux, Monseigneur, que tout prêtre qui a le bonheur de vivre dans votre diocèse et ailleurs seroit comblé de joye par une distinction et une faveur aussi marquée à laquelle mon frère et moi n'aurions jamais osé prétendre n'ayant rien fait pour la mériter. Cependant je prendrai la liberté de vous avouer avec toute la confiance que vos bontés m'ont toujours inspirée, que toute la joye que je devray en ressentir ne peut être comparée à l'affliction

que va me causer la séparation d'un bon frère que j'ai
toujours aimé bien tendrement et auprès duquel je trou-
vois toute la consolation dont j'ai besoin, me trouvant
isolé surtout depuis la perte que nous avons faite d'une
mère l'objet commun de toute notre tendresse, et s'il
m'étoit permis, Monseigneur, de vous parler à cœur
ouvert sur ce qui m'intéresse personnellement, j'entre-
rois dans les détails tous également pénibles pour moi
et peu faits pour être mis sous vos yeux ; je me bornerai
seulement à vous représenter que ce qui m'est véritablement sensible dans cette transmigration, est la crainte que je prévois de l'abandon d'une parente à laquelle
je me trouve attaché par les liens indissolubles du sang,
de l'amitié et de la reconnaissance envers son père et
envers elle-même a qui je tiens lieu de conducteur et de
père, ce seul motif auquel je ne puis penser sans verser des larmes m'avoit fait former le projet au cas que
Dieu dispose de moi-même, à lui donner pour guide
mon frère, seule personne de confiance et pour prendre
soin d'elle le reste de ses jours. Ce projet se trouve
évanoui par cette séparation. Je pourrois y ajouter encore qu'elle me fait entrevoir beaucoup de fâcheux mo-
mens que mon frère m'a toujours aidé à supporter. (1) Je
serois néanmoins encore plus affligé, Monseigneur, que
tout ce que j'ai l'honneur de vous exposer vous fit
apercevoir un désir trop marqué a résister aux vues
que vous avés sur mon frère. Je suis trop heureux de
la distinction flatteuse dont vous l'honorés sans être
guidé par un intérêt qui tenteroit peut-être toute autre
personne qui auroit le bonheur de jouir d'un pareil

1. Pour comprendre ces passages il suffit de dire que Marie-
Anne de Peint, épouse de Jean-Pierre Giraud, l'auteur de cette
lettre, était « d'un esprit très borné, d'une laide figure et d'une
malpropreté peu commune ». Bonnemant : *Nobiliaire*, verbo
Peint.

bienfait. Il seroit à désirer pour moi que ce même bienfait pût nous procurer quelque moyen qui ne fut point
un obstacle à notre séparation. Je n'aurois garde de le
suggérer, je préfère plutôt dans ce moment m'occuper des sentimens de la plus vive reconnaissance que
je dois à notre illustre et commun bienfaiteur. Daignez,
Monseigneur, agréer toutes mes excuses d'un pareil détail et me permettre de vous rappeller dans tous les
tems le souvenir de mes vœux pour votre santé, votre
conservation et tout ce qui peut combler vos désirs. Je
vous supplie d'en être aussi persuadé que du dévouement
absolu et de l'attachement plein de respect avec lequel
je seroi éternellement, votre, etc. »

Mgr de Jumilhac ne tarda pas à manifester son déplai-
sir de ce semblant de résistance. Il écrivit à l'abbé :

« Paris, le 13 août 1770.

« Lorsque je vous ai nommé, Monsieur, au Prieuré
de Grans, je pensais faire chose qui vous fût agréable.
Je me suis trompé, puisque vous avez de la peine à
accepter ce bénéfice. Mon intention n'est pas de vous
gêner ni de nuire à votre liberté, j'ai fait à votre égard
ce que je devois à vos travaux, c'est à vous à prendre
en conséquence le parti qui vous conviendra le mieux.
Voyez Monsieur l'abbé de Champorcin et faites-lui
connaître vos intentions. »

Cette fois le prêtre comprit qu'il devait accepter. Il
s'empressa de le faire savoir à son archevêque.

« Monseigneur,

« Rien n'a pu me flatter davantage que l'honneur que
m'a fait Votre Grandeur en me nommant au prieuré de
Grans. Les raisons que j'ai mises sous ses yeux ne peuvent m'arrêter dès qu'elle daigne me faire connaître ses
désirs pour répondre aux vues de la Providence qui
m'appelle par une voix si légitime. J'aurais infiniment

à me reprocher devant Dieu de résister davantage, il m'en couteroit trop de lui désobéir en ce qu'il me paroît approuver lui-même. J'accepte donc purement et simplement ce bénéfice cure quelque pénible que soit la charge des âmes dont Votre Grandeur veut bien me confier le salut, j'espère que Dieu m'aidera à remplir à cet égard avec un vrai zèle et toute l'exactitude possible tous mes devoirs, et comme il peut se rencontrer des difficultés dans mon nouvel état que je ne scaurois vaincre moi seul, j'ai l'honneur de supplier Votre Grandeur de trouver agréable que je m'y adresse avec une entière confiance dans l'occasion.

Que puis-je faire, Monseigneur, pour vous marquer toute ma gratitude après un bienfait si précieux que je tiens de vos mains. Le prieuré de Grans doit me fournir une subsistance honnête et abondante. Je ne crois pas en conséquence pouvoir retenir en conscience la bénéficiature de Saint-Trophime non plus que mon canonicat de la Major. Je prends la liberté d'offrir à Votre Grandeur la démission de l'un et de l'autre bénéfice de la manière qu'elle voudra bien me prescrire. J'ose vous demander Monseigneur, de vouloir bien m'accorder la continuation de vos bontés que je m'attacheroi toujours plus de mériter par le profond respect et le dévouement parfait avec lequel je ne cesseroi d'être, Mgr, etc. » (1)

L'abbé se rendit donc à Grans sans tarder, et le 22 août il fut mis en possession de sa cure par le notaire Courlet. L'ancienne église était démolie et l'emplacement servait de cimetière. On conduisit le nouveau curé à la chapelle des Pénitents blancs qui servait provisoirement de lieu du culte, et au presbytère, situé sur la place de la Croix. Le vicaire Etienne Chauvin et les deux prêtres attachés au service de la paroisse, Alexandre Reybert, religieux de la Doctrine chrétienne, et François-

1. Bibl. d'Arles. Ms. 120 : *Correspondance de l'abbé Giraud. I.*

Toussaint Bec assistèrent à cette installation (1).

L'archevêque ne tarda point à témoigner sa satisfaction au nouveau curé d'avoir accepté le prieuré de Grans. Il lui écrivit :

« A Arles, le 26 août 1770.

« J'étois persuadé, Monsieur, que vous n'aviez pas assez pesé le refus que vous paroissiez faire du prieuré cure de Grans. Je suis charmé qu'après y avoir pensé vous en ayez connu les avantages. Je suis persuadé que vous y remplirez vos devoirs et que vous y vivrez heureux et content. J'y contribüerai en ce qui pourra dependre de moy.

« Je suis très sensible à votre procédé au sujet de vos deux bénéfices, vous pouvez dès à présent faire entre mes mains la démission du canonicat de la Major. A l'égard de votre bénéficiature comme elle est un patronage laïque, je vous prie de nous donner du tems afin que nous puissions avoir le consentement des juspatrons. Lorsque nous l'aurons obtenu vous en serez averti. Soyez persuadé du sincère dévouement avec lequel je suis, Monsieur, votre, etc.

« J. Jos., arch. d'Arles. »

Dans la réponse à cette lettre, l'abbé rend bon témoignage de ses paroissiens :

« Monseigneur,

« Je ne scaurois vous exprimer toute la satisfaction et le parfait contentement que je ressens depuis le peu de tems que je me trouve ici. Le peuple de Grans est bon, obligeant et en tout prévenant. Je tacherai de me rendre digne de sa confiance et de conserver en lui avec l'aide de Dieu cet esprit de paix qui le caractérise. Je suis très flatté, Mgr, de l'honneur que Votre Grandeur me fait de vouloir bien agréer la démission de mon

---

1. Bibl. d'Arles, Ms. 118 : « *Titres, bénéfices et lettres de provision* » [*concernant l'abbé Giraud*].

canonicat de la Major, je l'envoie dans ce moment à
M. l'abbé de Champorcin. Je ne me demettrai de même
de la bénéficiature de Saint-Trophime qu'en suite des
arrangemens qu'elle désire prendre à ce sujet et lorsqu'elle me faira l'honeur de me prescrire le plan et la
forme que je dois suivre à cet égard. J'ose supplier
Votre Grandeur d'être bien persuadée de la disposition sincère où je serai toujours de faire tout ce qui
peut lui être agréable pour mériter la continuation des
bontés dont elle m'honore et l'assurer du plus profond
respect avec lequel j'ai l'honneur d'être, etc. » (1).

Avant de quitter sa chère ville d'Arles, l'abbé eut à
procéder à l'élection des dignitaires des Carmélites, à la
place de l'évêque de Glandèves empêché. Giraud toujours précis, méticuleux même, nous a laissé le récit de
la cérémonie à laquelle il procéda de concert avec
l'abbé Audibert, aumônier de ces dames.

Le 16 août 1770 il réunit les religieuses au parloir de
leur couvent ; on ouvrit la grille, elles parurent toutes
avec leur voile, se mirent à genoux, et après les avoir
fait asseoir, l'abbé leur parla ainsi :

« Mes Révérendes Mères et très honorées sœurs,
Monseigneur l'évêque de Glandèves, écrit à la R. M.
Prieure que se trouvant hors d'état de venir faire
vos élections il me substitüe et me commet pour agir
à sa place et faire en son nom propre les élections, assisté toutefois de M. Audibert, votre digne aumonier. Je vous avoue naturellement que Mgr
l'évêque de Glandèves auroit pu jetter les yeux sur
quelque autre mieux entendu et qui s'en fut acquitté
d'une manière plus digne de vous. Je viens prendre
nonobstant avec vous autres les arangemens qu'il convient de prendre à cet égard, vous demander l'heure à

1. Bibl. d'Arles : Ms. 120 : « *Correspondance de l'abbé J.-Bap-
tiste Giraud*, I. »

laquelle vous désirés que je vienne pour cet objet. Vous pouvez me parler. Je suis à vos ordres pour tout ce qui peut vous faire plaisir là dessus. »

La Révérende Mère répondit à ce compliment et donna le lendemain comme jour de l'élection. Le 17 août, à 8 h. 1/2 du matin, les deux prêtres revêtus de leur surplis et d'une étole blanche se trouvèrent à l'église des Carmélites. La communauté étant arrivée, la grille du chœur fut ouverte ; auprès se trouvaient une table, deux chaises, un bougeoir allumé, un réchaud sans feu, un encrier, des plumes, du papier et une petite boîte pour recevoir les bulletins de vote. Tout étant prêt, l'abbé Giraud, ayant Monsieur Audibert à son côté droit, commença de réciter, au pied du maître-autel, le *Veni Creator* que la communauté acheva. Ensuite les Carmélites, l'une après l'autre, vinrent mettre leur bulletin dans la petite boîte déposée sur la grille de communion. La dernière arrivée prononça à haute voix ces mots : Il n'y en a plus. L'abbé Giraud compta alors les billets qui étaient au nombre de neuf. La communauté se composait bien de 12 personnes, mais trois étaient encore au noviciat, car les jeunes professes y demeuraient encore trois ans à partir de l'émission de leurs vœux, et pendant ce temps, elles n'avaient pas voix délibérative au chapitre. On commença par l'élection de la Mère prieure. Il y avait sur chaque billet, je nomme pour Mère prieure, une telle, sans signature. L'abbé Giraud lut chaque bulletin tout bas de manière à n'être entendu que de son confrère. Un seul billet blanc fut trouvé dans la boîte, c'était celui d'une sœur qui avait prévenu les prêtres, à l'oratoire, avant la récitation du *Veni Creator*, qu'elle élisait telles religieuses qu'elle nomma, ajoutant qu'elle agissait ainsi parce qu'elle ne pouvait donner sa voix à telle plutôt qu'à telle autre, tellement elle était indécise et incapable de mettre sur le papier un nom quelconque. Le recensement des bulletins fait, l'abbé Giraud se leva et dit tout haut à la communauté :

« Mes très honorées sœurs, vous avez élu pour Révérende Mère prieure, la Mère Marguerite du Saint-Sacrement, je dis mère Marguerite et non pas la sœur Marguerite, parce que celle qui est élue ayant été mère prieure ci-devant, elle conserve toujours le nom de mère. Celle-ci en entendant son nom se prosterna, ce que remarquant, l'abbé Giraud lui dit de se relever. Elle avait eu cinq voix sur neuf.

On procéda de même aux autres élections, c'est-à-dire à celles d'une supérieure et de deux dépositaires. M. Audibert, après chacun de ces votes, mit les billets qui avaient servi dans le réchaud. La bougie allumée servit à les brûler à la fin de la cérémonie. Cela fait on appela les trois sœurs absentes et les commères, et le prêtre qui présidait proclama alors, en présence de toute la communauté, le résultat des élections en ces termes :

« La communauté a élu pour supérieure, Mère Marguerite du Saint-Sacrement, pour mère sous-prieure la sœur de Saint-Benoît, pour première dépositaire, la sœur Marie-Elisabeth, pour 3ᵉ dépositaire, la mère Marie-Anne de Jésus. Puis il ajouta :

« Mes très honorées sœurs, c'est en vertu des pouvoirs qu'a daigné me confier Mgr l'évêque de Glandèves, votre digne et respectable supérieur que j'approuve et que je ratifie bien volontiers et que je confirme de tout mon cœur ces élections. Elles ne peuvent que justifier à nos yeux la droiture de vos sentimens, l'étendue de vos lumières pour faire un juste discernement et cet esprit de paix, d'union et de charité qui vous caractérise et dont je puis dire avec certitude que vous êtes seules en possession, puissiés-vous toutes, mes très honorées sœurs, puissiés-vous à jamais sous la conduite sage des mères si tendres et si propres à éclairer vos démarches dans la pratique de la vertu, puissiés-vous encore sous l'administration du temporel par de si bonnes mères et de si chères sœurs, toutes bien dignes de votre choix, jouir longtemps de ce qui doit être l'objet de votre satisfaction commune et de votre parfaite félicité dans le centre même de la religion, c'est là l'ouvrage d'une communauté que je respecterai toute ma vie. Ce sont les vœux les plus ardents et les plus sincères de mon cœur qui vous sera toujours bien uni devant Dieu sur la terre en attendant l'heureux moment qui doit nous réunir un jour tous dans la bienheureuse éternité. Ainsi soit-il. »

Après quoi il entonna le *Te Deum* et lorsqu'il fut terminé les sœurs se retirèrent. Avant de quitter la maison les deux prêtres se rendirent au parloir et là félicitèrent publiquement les nouvelles élues.

L'abbé Giraud avait préparé un autre compliment qu'il devait lire après l'élection. Il était ainsi conçu :

« Vous devez connaître, mes très honorées sœurs, le zèle et l'amour que la mère Marguerite a eu dans le temps pour la règle et les constitutions de votre saint ordre ; son exactitude et sa faveur ne pourront que vous animer et vous éclairer dans la pratique de vos importantes obligations. En second lieu vous avez donné l'office de mère supérieure à la sœur Saint-Benoît ; je ne puis qu'approuver votre choix à cet égard, et je la confirme très fort dans cette charge. Elle en est d'autant plus digne qu'elle se représentera toujours plus parmi vous que vous faites l'office des anges dans le ciel en chantant chaque jour dans l'office du chœur sur la terre les louanges du Seigneur ; c'est une seconde mère, *id est*, une tendre mère qui corrigera vos défauts, s'il y en a parmi vous, moins par ses paroles que par ses exemples. En troisième lieu vous avez élu pour première dépositaire la sœur Marie-Elisabeth. Le choix de la communauté qui est tombé sur cette chère sœur fait seul son éloge, son expérience jointe à sa sagesse dans l'administration du temporel, ne peut que justifier un si digne choix ; enfin vous avez donné l'office de troisième dépositaire à la sœur Marie-Anne de Jésus dont vous avez eu le temps de connaître la piété envers Dieu, la charité pour toutes les sœurs, le plus parfait détachement qu'elle a toujours conservé pour elle-même. Je n'aurois garde d'en dire davantage à son sujet. Un mauvais portrait ne pourroit qu'effacer les dignes qualités dont vous êtes seules en possession. J'approuve de tout mon cœur ces dépositaires. Je conclus par vous féliciter toutes, mes très honorées sœurs avec mon digne collègue, M. Audibert, sur les élections auxquelles nous avons assisté, dont nous sommes très édifiés et que j'approuve très sincèrement et très expressément parce que je les considère comme étant l'ouvrage de Dieu même. Ainsi soit-il. »

L'abbé donne encore au sujet de cette cérémonie certains petits détails. Ainsi il nous apprend que si l'évêque de Glandèves eût fait les élections, il eût été seul dans l'église, et les religieuses n'auraient pas eu de voile, mais n'étant que prêtre délégué elles portaient le voile devant lui. Le supérieur n'aurait pas eu de compagnon, mais celui qui le représentait devait en avoir un. La Mère ancienne remettait par la grille du chœur les clefs du couvent entre les mains du supérieur ou de son délégué avant la récitation du *Veni Creator*, lesquelles étaient rendues à la nouvelle prieure avant le chant du *Te Deum*, etc.

Trois jours après l'élection, l'abbé Giraud informait l'évêque de ce qu'il avait fait :

« Monseigneur,

« J'ai l'honneur de vous marquer comme j'ai procédé vendredi dernier aux élections des dames religieuses carmélites conformément aux désirs et intentions de Votre Grandeur. Elle auroit pu sans doute jetter les yeux sur quelqu'un qui fut mieux entendu dans cette cérémonie, et qui s'en fut acquitté d'une manière plus digne de ses sentimens que moi-même. Je lui ai dit que j'ai été infiniment flatté d'une commission si honorable. J'ai taché dans le cours de cette cérémonie de l'église d'entrer autant qu'il a été en mon pouvoir dans les vües de paix et d'union qui caractérisent cette respectable communauté et que Sa Grandeur a le talent d'y conserver avec tant de sagesse et de discernement. La Communauté a élu pour R. M. prieure la mère Marguerite du Saint-Sacrement, elle a réélu pour R. M. soupprieure la sœur de Saint-Benoît, a élu pour première dépositaire la sœur Marie-Elisabeth, pour troisième dépositaire la sœur Marie-Anne de Jésus. Il seroit bien consolant en vérité pour mon édification, Mgr, de pouvoir continuer mes soins à cette maison qui a le bonheur d'être sous votre conduite et sous votre protection ; mais la Providence venant de me destiner depuis peu au prieuré et cure de Grans, qui est une paroisse de ce diocèse, éloignée d'environ de huit lieues de cette ville, je ne me trouve pas d'état de pouvoir vacquer à l'emploi de confesseur ordinaire de cette sainte communauté. Je supplie Votre Grandeur d'agréer à cet sujet toutes mes excuses, elle me trouvera toujours disposé à lui marquer dans tous les tems toute ma gratitude pour les bontés dont elle m'honore, et dont j'espère qu'elle voudra bien m'accorder la continuation. Si l'occasion fréquente qui peut m'attirer dans cette ville me fournissoit celle de voir de tems en tems vos chères sœurs du Carmel, j'ose me flatter que Votre Grandeur pourroit peut être avoir pour agréables les services que je puis leur rendre en me continuant mes pouvoirs comme ci-devant. J'ai pris au reste, Monseigneur, toute la part possible aux indispositions de votre Grandeur. J'ai trop de confiance en Dieu pour ne pas en espérer par mes faibles prières auprès de lui qu'il voudra bien nous la conserver pour un diocèse dont elle fait le bonheur et pour cette communauté qui prie sans cesse le Seigneur pour la conservation des jours qui sont à tous si pretieux. C'est dans les sentimens du plus parfait dévouement, de la reconnaissance la plus sincère et du respect bien profond que j'ai l'honneur d'être, Mgr, de Votre Grandeur le très humble et très obéissant serviteur,

GIRAUD, chanoine.

A Arles, le 20 août » (1).

Il en reçut la réponse suivante :

« J'ay reçu, Monsieur, votre lettre en date du 20 août courant, par laquelle vous me faites part des élections faites dans la communauté des dames carmélites, je ne doute point de votre zèle et de votre attention à avoir fait tout ce qui convient pour entrer dans les voyes de paix et d'union. J'ay appris avec beaucoup de plaisir que vous aviés été nommé à la cure de Grans ; je puis vous assurer que, quoyque cette place ne puisse plus vous permettre de servir de directeur à cette communauté, je n'ay pas moins de plaisir à votre avancement, et soyés toujours assuré de mon estime, je vous accorde bien volontiers les mêmes pouvoirs que vous aviez, et je seray très charmé d'apprendre que vous venés souvent voir cette communauté. Je suis très sincèrement, Monsieur, votre très humble et très obéissant serviteur.

† G., évèque de Glandèves.

Entrevaux, 27 août 1770.

Je suis bien sensible à la part que vous avez prise à

---

1. Bibl. d'Arles, Ms. 117 : *« Documens relatifs à la direction des dames carmélites d'Arles.*

mon incommodité, quoique faible encore, j'espère dans peu être rétabli. »

L'abbé pouvait maintenant partir tranquille et aller travailler sur un nouveau champ d'action à la vigne du Seigneur. Plusieurs de ses confrères le félicitèrent de son avancement. L'abbé Arnaud, curé de Jonquières, aux Martigues, lui écrivit le 4 septembre 1770 :

« Monsieur,
« Je vous fais mon compliment sur votre nomination au prieuré de Grans. Je suis beaucoup attaché à ce bon et religieux peuple. Je suis charmé qu'il soit tombé en si bonnes mains. » Puis après un mot sur la succession de Monsieur Roubin dont il était l'ami, il ajoutait : « Les démoiselles Roubin (ses sœurs), sont très affligées. Il est tout naturel qu'elles le soient. Je suis plus que persuadé que par des sentiments d'humanité qui doivent être naturels à des personnes de notre état vous ne leur ajouterez pas affliction sur affliction, que vous n'écouterez jamais la voix de la chicane mais la voix de la paix et la charité. » Il est fait allusion ici à la succession du curé Roubin qui paraissait embrouillée.

L'abbé Giraud n'avait pas besoin de cette recommandation. Dans la liquidation des intérêts de son prédécesseur il ne s'attira que des éloges par les moyens de conciliation qu'il eut à proposer et que l'autorité ecclésiastique approuva. Ainsi, en arrivant à Grans, il ne voulut pas se loger à la cure, mais il loua la maison d'un nommé Jean Caire tant que les affaires de succession de l'abbé Roubin ne seraient pas réglées.

Ce ne fut pas son seul souci. Le vicaire, l'abbé Chauvin qui avait administré la paroisse pendant la vacance émettait des prétentions déraisonnables au sujet de sa gestion. Le grand vicaire, l'abbé de Champorcin, rappela ce prêtre à plus de modération. Il écrivit le 12 septembre 1770 au curé de Grans :

« Nous avons vu ici M. Chauvin, nous lui avons dit ce qu'il convenoit au sujet de ses prétentions sur la vacance du prieuré et nous lui avons fait voir la déclaration du Roy, de 1710, en explication de celle de 1686, qui laisse aux évêques la distribution des vacances des cures, etc., il nous a dit qu'il nous laissait les maîtres de régler les choses comme nous trouverions à propos, et qu'il s'en rapporterait entièrement à tout ce que nous fairions à ce sujet ; il nous a donné une note du casuel qu'il a exigé, et des fournitures qu'il a faites pour les cierges et l'huile de la lampe, et un mois et trois jours de nourriture dont il doit être payé. »

Cette lettre contenait plusieurs autres réponses que le curé avait sollicitées. Ainsi l'abbé Bec qui avait rempli les fonctions de second vicaire depuis la mort de Monsieur Roubin fut autorisé à percevoir depuis ce temps, sa part de casuel, attendu qu'il avait des lettres de vicaire et non de simples pouvoirs. Les deux sages-femmes de la paroisse, en attendant d'être agréées définitivement après certaines formalités, purent continuer leurs fonctions pourvu que l'abbé Giraud fût content de leur expérience et que leur moralité fut irréprochable.

La maîtresse d'école, Françoise Arnaud, « brave fille et bien entendue.», fut maintenue dans sa charge d'institutrice des petites filles de la paroisse, mais le curé avait ordre de lui retirer cette permission au cas ou elle ne remplirait pas exactement ses obligations où qu'elle n'aurait pas une conduite convenable.

L'abbé avait offert de se démettre des bénéfices qu'il possédait dans la ville d'Arles, Monsieur de Champorcin lui écrivait d'Arles, le 2 septembre 1770 :

« Je suis en état, Monsieur de recevoir la démission de votre canonicat de la Major, que vous avés offerte à M. l'archevêque, ainsi vous pouvés la faire par devant le notaire de Grans, et me l'adresser le plustot possible, affin que je puisse remplir les intantions de M. l'archevêque ; vous garderés votre bénéficiature de Saint-Trophime jusqu'à ce que je vous écrive que vous pouvés en faire la démission, et je vous donnerai en même temps la forme ; comme elle est à la nomination de plusieurs juspatrons, il y a des arrangemens à prendre qui pourront prandre un temps assés considérable ; ne dites rien à personne de vos dispositions sur la démission de cette bénéficiature, je vous préviendrai quand tout sera arrangé, et qu'il sera temps de la faire, il n'est question dans ce moment que de celle du canonicat que j'attends. »

L'archevêque lui disait aussi à propos de cette dernière, le 17 septembre :

« Vous serez averti lorsqu'il sera tems de donner votre bénéficiature, j'ai des raisons pour ne pas accélérer la consommation de cette affaire. »

Le 5 septembre, l'abbé Giraud avait envoyé sa démission de chanoine de la Major. Il fut remplacé par l'abbé Clastre, vicaire de Saint-Martin, nomination qui fit plaisir à ce prêtre et au chapitre.

Le nouveau curé paraissait heureux et content à Grans et il y trouvait des motifs de consolation. Le grand vicaire de Champorcin lui mandait (lettre du 12 septembre) : « Je suis charmé de la satisfaction que vous avez de vos paroissiens ; ils n'en ont certainement pas moins de vous voir avec eux et d'avoir un pasteur qui ne s'occupera que de leur être utile et de leur procurer les biens spirituels. »

L'archevêque lui écrivait pareillement (lettre du 17 septembre). « Je suis charmé, Monsieur, que vous soyez content du lieu que vous habitez, et de vos paroissiens. Je suis persuadé que vous vivrez heureux avec eux et que le bonheur sera réciproque. »

L'abbé Giraud prenait, en effet, de la peine pour contenter ses ouailles. A ce moment les oliviers du territoire étaient dévorés par les insectes. Il fut autorisé à faire les exorcismes du rituel et à réciter telles autres prières, en ayant soin de s'informer auprès de Monsieur Bec de ce qui avait été pratiqué en pareil cas.

Il aurait voulu un vicaire de son choix pour remplacer Monsieur Chauvin (1) nommé à Beaucaire, et il avait jeté les yeux sur l'abbé Mille, qui n'était à Velaux, que depuis quelques semaines. « Avec la meilleure volonté, lui écrit le grand vicaire de Champorcin, il n'est pas possible de le déplacer de Velaux pour vous le donner ; vous seriez fâché si vous l'aviez, qu'on vous l'ôtât, et vous êtes trop raisonnable pour ne pas sentir l'inconvénient qu'il y aurait de le tirer de Velaux où il n'est que depuis deux mois, et où on est fort content de lui. » On lui promettait de lui donner, après Noël, un cousin du prêtre qu'il désirait, « brave garçon » dont il pouvait escompter encore plus de services. Le curé aurait voulu avoir ce vicaire plus tôt, mais le diocèse d'Arles manquait à cette époque de sujets, plusieurs paroisses étaient privées de prêtres et en demandaient inutilement. Il fut donc obligé d'attendre, de se contenter de trois messes et de faire entendre raison à ses paroissiens qui commençaient à murmurer. Le nouveau vicaire, l'abbé Mille, n'arriva que le 14 janvier 1771. En l'envoyant, l'abbé de Champorcin lui écrivait : » Nous espérons que vous serez content de lui. Il est docile, plein de zèle et plein de bonne volonté, et il nous a promis d'avoir la meilleure conduite et la plus réservée. » Il faut croire que les deux prêtres firent bon ménage car ils gardèrent l'un pour l'autre le meilleur souvenir [lettre du 14 janvier 1771].

1. Etienne Chauvin, curé de Beaucaire au moment de la Révolution, refusa le serment constitutionnel, s'embarqua à Aigues-Mortes le 26 août 1792 pour l'Italie, sur la tartane le *Saint-André*, capitaine Clément Cassi, d'Agde, et mourut en exil, près de Ravenne.

Novice dans le ministère curial, l'abbé Giraud con-
sultait souvent ses supérieurs pour leur demander conseil. Fallait-il empêcher les religieux mendiants de venir
quêter dans sa paroisse ? On lui répondait :

« Vous ne pouvés guéres empêcher les frères quetteurs des couvents du voisinage de venir quetter les den-
rées dans votre paroisse ; ils sont dans cet usage partout
et Grans n'est pas le seul lieu qu'ils visitent ; laissés à cet
égard les choses comme elles étoient du temps de
votre prédécesseur, et si ces quetteurs ont innové remet-
tés les comme ils étoient et faisoient l'année dernière. »

Les pénitents avaient pareillement la pieuse habitude
de quêter dans la paroisse pour les pauvres malades,
mais par ignorance ils avaient oublié de prévenir leur
nouveau curé de cet usage, consacré par une permission
en règle. Il s'en plaignit à l'autorité qui lui indiqua le
moyen de se tirer de ce mauvais pas. Comme ce manque d'égards n'était sans doute pas voulu, on l'engageait à laisser continuer cette quête, ou bien à prier
Monsieur Bec de dire aux pénitents de faire une visite à
leur curé.

C'était la coutume alors, appuyée par la police, de
tenir fermés les cabarets pendant le service divin, malheureusement les choses ne se passaient pas toujours
en douceur. Le curé aurait bien voulu remédier à cette
situation, il en gémissait ; on l'engagea à souffrir en
patience ce qu'il ne pouvait empêcher, crainte de
bruit et de scandale (1).

L'automne avait été sec, cette année. Par manque
d'eau les semailles ne pouvaient être commencées. On
lui permit de renouveler, à la réquisition des consuls,
les prières pour la pluie et de faire même, à cet effet,
une neuvaine de prières, ainsi que l'habitude l'autorisait.

1. Bibl. d'Arles, Ms. 120 : « *Correspondance de J.-B. Giraud.* »
I. Lettre du 20 septembre 1770.

Un cas de conscience assez sérieux lui fut soumis. Une personne avait fait un vœu de chasteté perpétuelle qu'elle ne pouvait garder et elle en demandait dispense. Monsieur de Champorcin lui répondit :

« A l'égard de la personne qui a fait à Dieu une promesse d'entrer en religion et de ne point se marier en vue de garder la chasteté perpétuelle, il faut examiner d'abord si cette promesse a toutes les conditions du vœu ; le vœu de ne jamais se marier quoique fait par affection pour la chasteté n'est pas réservé au pape, et l'évêque peut en accorder la dispense, ou le commuer ; mais en matière de vœu, il faut plutôt considérer l'intention que les paroles, et si la personne qui a voué d'entrer en religion pour ne pas se marier a eu dessein de garder la chasteté perpétuelle, son vœu serait réservé au pape, parce qu'à raison de cette intention, ce seroit un véritable vœu de chasteté perpétuelle. Cependant si ce vœu avait été fait en punition de quelque péché, ou sans la connaissance, la liberté d'esprit et l'intention nécessaires pour la validité, ou que la personne n'eut pas le moyen de l'obtenir de Rome, ou qu'il y ait des raisons essentielles de ne pouvoir pas attendre la dispense du pape, alors l'évêque dans les cas susdits peut dispenser ; appliqués ces règles au cas de la personne qui s'est présentée à vous, et si le vœu de chasteté perpétuelle est formel, il faut écrire à un banquier à Aix, lui exposer le cas, et le prier de faire présenter une supplique à la pénitencerie à Rome, pour demander la dispense ; elle est gratuite ; autrement je vous accorderai la permission de dispenser. » [Lettre du 27 septembre 1770].

C'était bien réellement un vœu qu'avait fait cette personne. En conséquence le curé écrivit, le 18 octobre 1770, au banquier Raynaud, sur le Cours à Aix, ainsi qu'on le lui conseillait et, le 3 décembre, il recevait un bref de la Sacrée-Pénitencerie. On lui disait qu'il aurait à entendre la personne en confession pour commuer son vœu en telle bonne œuvre qu'il jugerait convenable. Les frais de port de cette affaire se montèrent à six livres qu'il paya à Monsieur Cournand, son paroissien, neveu du banquier.

Il y avait à Arles un de ses confrères qu'il mettait au courant de ses difficultés. C'était l'abbé Léonard, curé de Saint-Julien, qui se montrait heureux de pouvoir lui être utile en lui apprenant la pratique du ministère, et qui lui annonçait bien des nouvelles. Le 8 octobre 1770, il lui écrivit :

« J'arrive depuis deux jours d'un voyage que j'ay fait dans le Comtat où j'ay vu Messieurs de Sainte-Garde et notamment Monsieur de Sigoyer que je n'avois pas vû depuis vint-huit ans... Monsieur Meissonnier a pris possession jeudy dernier de son prieuré ; je l'ay vu hier au soir pour la première fois, et tout marque en luy un bon sujet ; j'aurois voulu qu'il fut monté en chaire hyer ayant eu bien du tems pour se préparer, il n'a pas jugé à propos de le faire.

Le sieur Chauvin est tracassé à Beaucaire, j'en suis au désespoir, son compétiteur s'est mis en possession et a pour luy les trois quarts du pays.

Le sieur Millé, vicaire de Velaux est chez moy au moment que je finis cette lettre et me charge de vous assurer de ses respects. »

Un peu plus tôt, le 27 septembre, son frère lui avait fait part de la petite aventure suivante :

« Saint Pilon ayant été chargé de conduire à Aix trois garçons du devoir qui sont icy en prison fut averti qu'il y en avoit en Crau une bande qui l'attendoient hier matin pour enlever les prisonniers, il s'y rendit hier matin, sans les prisonniers ; étant arrivé dans le bois de Saint-Martin de Crau en trouva 19 qu'il coucha en joüe, cria à moy la garde, leur fit mettre bas les armes qu'ils laissèrent et prirent la fuite. »

Il lui avait envoyé aussi, en se fiant à sa mémoire, le récit de la prise d'habit de Madame Louise de France, qu'il avait lu dans la *Gazette de France* :

« Le nonce... se rendit à Versailles le 9 où il fut conduit à l'audience du Roy dans laquelle après avoir présenté un Bref de sa Sainteté et obtenu l'agrément de sa Majesté, se rendit le lendemain en grande cérémonie aux Carmélites de Saint-Denis, Madame la Dauphine y arriva l'après midy vers les trois heures. Après le sermon prononcé par l'ancien évêque de Troyes, madame la Dauphine donna le voile et le nonce en fit la cérémonie à laquelle assistèrent 24 archevêques ou évêques. Tout se passa dans la plus grande décence et la plus grande tranquillité, malgré le concours de monde qui s'y étoit rendu et quoy que l'espace de l'église ne soit pas bien vaste. Les musiciens de la chapelle du Roy exécutèrent de la musique en faux bourdon sous la conduite du sieur Mathieu, maître de musique de la chapelle. »

L'abbé était toujours occupé des intérêts spirituels de sa paroisse. Certaines messes de fondation avaient été omises, il fit réparer cet oubli :

« Vous faites très bien, lui disait le 30 novembre 1770, l'abbé de Champorcin, d'engager amiablement les particuliers de votre paroisse, d'être exacts dans la suite à faire acquitter les messes de fondation dont ils sont chargés. Vous voyez, Monsieur, qu'avec la douceur et l'honnêteté dont vous savez si bien user, tout vous devient facile, vous fairés sagement de continuer de vous servir de la même méthode ».

Il lui indiqua aussi le moyen de faire acquitter dans la paroisse une autre fondation faite par un de ses prédécesseurs.

« Quant aux trois messes fondées en faveur des prieurs de Grans dans la chapelle de la maison de campagne de M. Pignard, pour parvenir à transférer l'acquit de cette fondation dans votre église paroissiale : il faut que vous nous présentiez une requette dans laquelle vous nous exposerés les motifs de cette translation, vous y joindrés l'acte de fondation, et après le décret de soit montré (s'il est nécessaire), nous rendrons une ordonnance à cet effet. Une fois que vous aurez ce titre vous prendrez des moyens de vous faire payer les 4 liv. 10 s., par l'acquéreur ou le possesseur de la terre ; l'acte de 1758 qui déclare cette terre franche ne détruit pas les deux actes de 1717 et 1737, c'est à celui qui a acheté de bonne foy a avoir son recours sur le vendeur, mais la terre est toujours chargée de 4 liv. 10 s. Il ne peut y avoir aucune difficulté là-dessus. »

L'ordonnance qui transféra ces trois messes dans l'église de Grans est du 29 novembre 1770.

Pendant ce mois de novembre il eut le plaisir d'embrasser son frère qui vint passer quelques jours auprès de lui (1). Il s'était bien mis au courant de la marche de sa paroisse, il pouvait bien se délasser en famille.

Le moment était venu de remettre entre les mains de l'archevêque sa démission de la bénéficiature de Sainte-Rusticule, dans Saint-Trophime.

Mgr de Jumilhac lui écrivait en effet de Paris, le 21 novembre 1770.

« Vous m'avez ci-devant marqué, M., que vous étiez disposé à me remettre la nomination de votre bénéficiature, j'ai différé jusques à ce moment de l'accepter, par des raisons qu'il seroit trop long de vous détailler, mais tout est actuellement disposé pour recevoir votre démission, et vous pouvez l'envoyer quand vous voudrez à mes grands vicaires. Je souhaite que vous soyez de plus en plus content de votre nouvelle habitation, et je vous renouvelle tous les sentimens de dévouement avec

---

1. Jean-Pierre Giraud écrit, dans son livre de raison, à la date du 22 novembre 1770 : « Frais de voyage à Grans du 12 au 22 du présent mois, 18 livres, 3 sols. »

4

lequel je suis, Monsieur, votre très humble et très obéissant serviteur,

† J. Jos. arch. d'Arles. »

Le curé se prêta de bonne grâce à ce qu'on lui demandait, et en répondant à l'archevêque, il lui disait: « J'ose vous supplier, Monseigneur, d'être bien persuadé dans l'acte de démission que je fais de mon bénéfice entre vos mains, combien je suis véritablement sensible à l'honneur que me fait Votre Grandeur d'agréer cette faible marque de ma reconnaissance pour le bienfait que je lui dois. » Il ajoutait qu'il se trouvait parfaitement tranquille et content à Grans, et il le priait d'avoir pour agréable l'offre de ses services pour mériter toujours plus l'honneur de sa confiance et de son estime.

Le 7 janvier 1771, Joseph Clarion, prêtre de la Major, du diocèse d'Embrun, fut nommé, à sa place, bénéficier de Sainte-Rusticule.

Il y avait à Arles un grand vicaire, l'abbé de Lubersac, qui était le propre neveu de l'archevêque. En homme bien élevé, l'abbé ne manqua pas de le féliciter sur son arrivée à Arles. Il aurait fait davantage et serait allé en personne lui rendre visite si le défaut de vicaire ne l'avait retenu dans sa paroisse. Le grand vicaire répondit à ses amabilités en promettant de ne pas l'oublier à la première occasion. Le curé fut si touché de cette attention qu'il résolut d'aller voir le plus tôt possible, son nouveau supérieur.

Avant la fin de l'année 1770 le curé eut à renouveler le bail de la dîme du prieuré. Il fut passé le 19 décembre (not. Dufour) pour une période de 9 ans, à Marie-Anne Bonnet, veuve Pierre Reybert, moyennant le prix annuel de 3.600 livres de fermage, payable en deux payements égaux. Dans ce contrat était compris le revenu de cinq petites propriétés dépendant de la cure. L'abbé Giraud se réservait comme souquet : un agneau de camp la veille de saint Georges, et « un coq d'Inde » à la Noël. Le régent des écoles, Jean-André Richaud, fut témoin et signa cet acte (1).

L'année 1771 fut des plus pénibles pour l'abbé Giraud. Dès les premiers jours sa santé fut un peu endommagée, et son frère vint lui rendre visite à cette occasion (2), ensuite, pour vouloir trop le bien, il indisposa la population de Grans contre lui, et il fallut songer à un changement. Mais n'anticipons pas les événements.

L'église de Grans s'était écroulée en juillet 1769. Elle était en reconstruction lorsque l'abbé Giraud vint dans la paroisse. En 1770, vu cet accident, il n'y eut pas de station de carême, et les 90 livres destinées à rétribuer le prédicateur furent consacrées par les consuls à la réédification de l'édifice à cause du manque de fonds qui se faisait sentir à ce moment. Mais en 1771 cette somme fut appliquée aux pauvres de la paroisse, ainsi que le demandait le curé et que le prescrivaient d'ailleurs les arrêts du parlement (3).

L'abbé Giraud allait bientôt perdre son fidèle correspondant le grand vicaire de Champorcin, auquel il soumettait toutes les difficultés de son ministère et auxquelles celui-ci répondait avec une scrupuleuse ponctualité en lui indiquant d'une manière très précise la conduite à tenir. Aussi le curé de Grans lui était fort attaché. Le 28 avril 1771 le grand vicaire fut nommé évêque de Senez à la mort d'Amat de Volx, arrivée le 18 mars. Cette nouvelle fut bientôt connue. Le curé de Grans ne manqua pas de lui écrire, pour le féliciter :

1. Bibl. d'Arles. Ms. 116 : *Prieuré de Grans, diocèse d'Arles.*

2. Jean-Pierre Giraud note dans son Livre de raison, à la date du 9 février 1771 : Frais de voyage à Grans du 24 janvier dernier au 6 de ce mois, à cause de la maladie de mon frère, pour voiture pour aller, 18 livres et 15 pour retour, pour dépense de séjour, 9 livres 10 sols.

3. Bibl. d'Arles. Ms 120 : « *Correspondance de J.-B. Giraud.* » I. Lettre du v. g. de Champorcin du 14 avril 1771.

« Monseigneur,

Les marques de bonté dont Votre Grandeur a bien voulu m'honorer depuis son séjour à Arles me font espérer qu'elle aura agréable mon compliment de félicitation sur l'honneur que le roi lui a fait en la nommant au siège de Senès.

J'ose l'assurer que personne ne prend plus de part à ce qui la touche que celui qui pénétré de la vive reconnaissance pour tout ce qu'il lui doit a l'honneur d'être avec le plus profond respect, de Votre Grandeur, le très humble et très obéissant serviteur.

GIRAUD.

A Grans, le 8 mai 1771. »

Le nouvel évêque lui répondit, trois jours après :

« Arles, le 11 may 1771.

Je connois depuis longtemps, Monsieur, vos sentimens pour moi, et j'en reçois une nouvelle preuve aujourd'huy par la part sincère que vous prenés à ma nomination à l'évêché de Sénès, je vous en remercie, et je vous assure que je conserverai toujours les sentimens d'estime que j'ay pour vous depuis 20 ans et que je serai charmé de pouvoir vous donner dans toutes les occasions de véritables preuves du sincère et inviolable attachement avec lequel j'ai l'honneur d'être, Monsieur, votre très humble et très obéissant serviteur,

L'abbé DE CHAMPORCIN,
Nommé à l'évêché de Sénès » (1).

Peu de temps après cette nomination, le 27 mai, mourut le père du nouvel évêque, Henri de Champorcin ; l'abbé ne manqua pas de lui présenter ses condoléances.

D'Arles le grand vicaire lui répondit, le 19 juin :

1. Champorcin (Etienne-François-Xavier des Michels de) né dans le diocèse de Digne en 1721, avait été nommé chanoine de Saint-Trophime en 1749 n'étant encore que diacre. Il fut transféré à l'évêché de Toul en 1773.

« Je suis bien sensible, Monsieur, à la part que vous avez bien voulu prendre au triste événement que j'ay éprouvé, je n'en attendais pas moins de vos sentimens pour moi, et je vous remercie de me les avoir témoignés dans cette occasion, et de tout ce que votre piété vous a fait ajouter. »

Il lui apprenait en même temps qu'il pensait rester à Arles jusqu'en septembre, qu'il y continuerait ses fonctions et qu'il serait content de l'obliger encore. On ne rencontre plus guère dans les papiers de l'abbé Giraud de lettre de l'évêque de Senez.

L'ère des difficultés allait commencer pour le curé de Grans. Pour certaines raisons que nous ignorons l'abbé Bec, prêtre du lieu, chapelain de l'Annonciade, dans l'église de Grans, omettait une messe matinale attachée à son bénéfice.

Le curé avait tâché de réparer cette négligence de son mieux, et avait averti l'autorité. L'abbé de Champorcin écrivit le 4 mars 1571 à ce prêtre pour lui retirer tous ses pouvoirs « mais n'ayant pas reçu de réponse, il chargea Monsieur Giraud de lui notifier cette décision, ne voulant pas, par ménagement, « quoiqu'il ne méritât aucun égard » lui signifier cet interdit par le promoteur.

Le curé s'acquitta à regret de cette commission, il n'avait pas sollicité cette mesure de rigueur, mais le peuple de Grans lui garda rancune pour cette démarche. Il faut dire aussi qu'à peine arrivé l'abbé Giraud s'était trop facilement laissé prévenir contre ce prêtre. Il s'était trop hâté de vouloir porter remède à ses négligences. Il y était parvenu par un moyen violent qui, en indisposant le coupable, n'était propre qu'à l'irriter et à mettre obstacle à son zèle. Aussi les choses s'envenimèrent. Le curé imputait à l'abbé Bec le manque d'égards et de respect de ses paroissiens envers lui. Le grand vicaire Joseph Raymond lui écrivait sagement que pareille faute ne se présumait pas d'un prêtre quoiqu'elle ne fut pas impossible, et il l'engageait à une réconciliation. Il lui donnait, en même temps, le moyen de faire tomber les préventions qu'on avait contre lui : « Vous ne devez rien oublier pour les détruire, lui disait-il, par un accès facile, aisé et autant qu'il dépend de vous agréable et utile pour vos paroissiens, par beaucoup de douceur et d'affabilité et surtout par un désintéressement qui édifie en se rendant sensible dans les occasions ».

Le curé s'était déjà promis une première fois d'user de moyen de douceur, de modération et de charité pour ramener les esprits indisposés contre lui, mais des paroles dures, proférées à son endroit par plusieurs, firent évanouir ces bonnes résolutions, ce dont ne le félicitait pas l'autorité : « Je vous conseille, lui disait-on le 28 juin 1771, de laisser tomber le propos que le premier consul a tenu, dit-on, à votre secondaire ; je n'y vois rien d'aussi offensant qu'il vous a paru et vous avez d'ailleurs l'avantage de pouvoir l'ignorer ; il faut s'attendre à des contradictions quand on est à la tête d'une grande paroisse, vous trouverés votre consolation dans votre cœur, dans la religion et dans l'acquit de vos devoirs ».

Le grand vicaire Raymond lui mandait le 18 juillet suivant : « Le conseil qui va à vous déterminer à donner un exemple pour contenir le peuple en demandant justice contre le premier qui vous manquera n'est pas à suivre ; des exemples d'une espèce plus chrétienne seront seurement d'un meilleur effet ».

Les griefs que les habitants de Grans avaient contre leur curé n'étaient pas bien sérieux. On en jugera. Un paroissien s'éleva indécemment contre lui, dans la sacristie, parce qu'il n'avait point fait aux vêpres d'un dimanche mémoire de saint Georges. Le peuple regardait ce saint comme patron du lieu. On célébrait sa fête le 23 avril avec la plus grande solennité, et aux offices chantés de la paroisse on en faisait mémoire aux jours permis par la rubrique. On disait couramment dans l'endroit qu'on n'accorderait pas la sépulture à quiconque travaillerait ou refuserait d'entendre la messe le jour de la fête du saint. Le curé, fort liturgiste, voulait s'en tenir aux règles de l'église. « J'ai cru devoir supprimer ce mémoire jusqu'ici, disait-il au grand vicaire Raymond, le 25 juillet, attendu que les rubriques n'admettent de patron que le titulaire et celui du lieu, et que saint Pierre et saint Michel sont seuls patrons titulaires de cette paroisse. Il ne conste nulle part que saint Georges soit un patron du lieu, *idest*, un patron que l'ordinaire ait choisi avec le peuple pour spécial protecteur du lieu... Vous êtes maître, Monsieur, je pense, de permettre le mémoire de saint Georges aux jours permis par les rubriques. J'attends sur ce vos ordres pour m'y conformer.

Toutes ces contrariétés pesaient au cœur du prêtre et il les mettait au pied de la croix. Il se soumettait aux bons avis qu'on voulait bien lui donner, tout en avouant qu'il ne voulait pas non plus faire de la peine à l'abbé Bec, encore moins mal agir contre lui. « Mon procédé ordinaire, disait-il, dans cette lettre du 25 juillet, si vous daignez y donner votre approbation sera toujours de représenter son devoir à quiconque le néglige. Je crois de décharger ma conscience en exposant l'état des choses au supérieur, là où je ne puis rien de mieux. »

Les gros déboires que trouvait sur son chemin l'abbé Giraud ne l'empêchaient pas de vaquer encore avec plus d'ardeur au soin de sa paroisse.

En juin une tempête s'était élevée, l'abbé, à la sollicitation des paroissiens, et le mal étant pressant, organisa des prières publiques.

Depuis la chute de l'église qui s'était écroulée sans occasionner la mort de personne, l'autorité ecclésiastique, à la requête des consuls avait permis depuis deux ans une procession générale en reconnaissance. Cette année cette cérémonie se fit entre le 21 et le 25 juillet (1).

L'abbé de Champorcin était parti d'Arles pour Paris, le 10 juillet. A ce sujet Jean Pierre Giraud écrit à son frère le jeudi, 15 août, en lui envoyant d'autres nouvelles :

1. L'abbé Giraud a conservé, dans ses papiers, le texte de deux lettres écrites en 1770 et 1771, à l'occasion de cette procession.

La première du grand vicaire de Champorcin, datée d'Arles du 9 juillet 1770, est adressée au prieur Roubin.

« Je viens de recevoir, Monsieur, une lettre de Messieurs les consuls de Grans qui me demandent la permission de faire une procession générale pour remercier le Seigneur de la grâce signalée que vous en reçûtes l'année dernière sur le triste événement que vous éprouvâtes. Je leur réponds que je vous écris à cet sujet, et de s'adresser à vous. Ainsi je vous donne, Monsieur, tous les pouvoirs et permission d'arranger cet acte public de religion comme vous trouverés bon, et je vous laisse entièrement le maître des dispositions. Je voudrois pouvoir vous donner de plus grandes marques de notre confiance. Je vous exhorte à bien vous ménager, et de veiller avec attention, sur votre santé, vous connoissez le tendre intérêt que j'y prends, et les sentimens pleins d'estime et d'attachement avec lesquels j'ay l'honneur d'être, Monsieur, votre très humble et très obéissant serviteur, « L'abbé DE CHAMPORCIN, vic. g^al ».

La seconde lettre fut écrite en juillet 1771 par Monsieur Raymond, vicaire général au consul Pélissier.

« Rien de plus juste et de plus louable, Monsieur, que les deux demandes que vous nous faites par la communauté de Grans, à la tête de laquelle vous vous trouvés, aussi est-ce avec plaisir et empressement que nous secondons votre zèle en permettant que la procession en actions de grâces de la protection particulière et comme miraculeuse de Dieu que vous éprouvâtes lors de la chute de votre église soit faite au troisième anniversaire de cette faveur, la présente année, de la manière qu'elle a été faite les deux années précédentes. M. l'archevêque pourvoira pour les années suivantes, ce qu'il est de convenance que nous lui écrivions. Nous permettons de même que la Croix qui menace ruine soit abbatue, et que selon vos désirs celle du

« Monsieur de Senés, actuellement en retraite au Séminaire, sera sacré le 18 à Saint-Sulpice par M. l'archevêque d'Arles, prestera peu de temps après son serment de fidélité et partira le 2 ou le 3 septembre pour s'en retourner ici avec l'abbé de Lubersac. On parle d'une assemblée extraordinaire du clergé qu'il pourra y avoir vraisemblablement pour 1772, il est question apparemment de quelque demande d'un don gratuit. On compte qu'il y aura un sacristain après le 18 et que ce pourroit être l'abbé Pazery (1). Je le lui souhaite. On dit que M. de Tressemanes doit venir icy. Monsieur de Viguier m'a demandé de vos nouvelles. Madame Salomé désire

cimetière soit rétablie. Nous donnons à cet effet à M. Giraud votre bien estimable prieur curé la permission de bénir cette nouvelle croix quand elle aura été relevée. Ayez la bonté de lui donner communication de cette lettre et soyez persuadé de la considération particulière avec laquelle j'ai l'honneur d'être, Monsieur, votre très humble et très obéissant serviteur. »

Au sujet de cette croix, l'abbé Giraud répondit, le 25 juillet : « Ce bon consul pensant que la croix du cimetière n'avait pas la forme d'une croix avoit imaginé d'y substituer celle d'une place qui est devant ma maison. Sur ce que je lui ai représenté que la croix du cimetière étoit toute de pierre et en bon état et qu'une seule y suffit, il m'a demandé de transférer celle de la place en tout autre lieu, sur quoi nous sommes d'accord, mais cette croix est de fer et bénite. Il ne s'agit que de renouveller le pied qui est de pierre et ruineux. Cette croix sera ôtée d'une place comme on ôte une pierre sacrée d'un lieu pour la placer en un autre. Si vous jugez nonobstant de la considérer comme une nouvelle croix et qu'elle ait besoin d'une bénédiction, j'en recevrai la permission que vous voudrez bien m'envoyer pour en faire usage lorsqu'elle sera relevée au lieu indiqué. » Ms. 116 : *Prieuré de Grans, diocèse d'Arles.*

1. Ce fut l'archidiacre et grand vicaire Joseph Raymond qui fut nommé sacristain et l'abbé Pazery (Pierre-François), grand vicaire. Ce dernier devait périr courageusement, dans la prison des Carmes à Paris, le 2 septembre 1792, à côté de Mgr du Lau.

vous scavoir en bonne santé et content. Monsieur le chanoine Sabatier vous fait mille complimens, son frère le garde est arrivé depuis peu. »

Il recevait, quelque temps après, le 12 octobre, de la même main ce qui suit : « Madame Gassin, âgée de six mois moins que l'abbé Pazery, a été enterrée hier matin, c'est Monsieur de Chiavary qui est héritier. Monsieur de Glandève a passé icy 36 heures venant de son abbaye de Saint-André de Villeneuve, avec le chevalier de Tressemanes, son frère et son beau-frère. Je ne compris pas qu'il fit aussi peu de séjour étant arrivé lundi au soir et parti mercredi matin. »

Cette même lettre nous montre les goûts intellectuels du prêtre. Nous aurons à le constater d'autres fois. On lui mande que le libraire Gaudion n'a point de nouveauté et que les *Procès-verbaux des Assemblées du Clergé* doivent être pris à Paris.

La lettre du 8 novembre lui apprend l'arrivée de l'archevêque :

« Dans l'incertitude du moment auquel, mon cher frère, j'auray une commodité pour Grans, et quoique persuadé que vous n'aurés ma lettre que mardi prochain, je prends le parti de vous écrire par la poste que Monsieur l'archevêque est arrivé hier jeudi, vers les 11 heures du matin en bonne santé et s'est reposé l'après-midi, et a reçu ce matin les complimens du chapitre, du corps de ville et de tous ceux qui se sont présentés.

L'abbé savait par ailleurs que l'archevêque devait bientôt venir. En homme bien élevé, il s'était empressé de féliciter, au mois d'août, le chanoine de Brie (1) choisi pour grand vicaire, et celui-ci en le remerciant, le 22 septembre 1771, lui apprenait cette nouvelle

1. Brie (Pierre de), prêtre du diocèse de Limoges, licencié en droit, avait été nommé en 1766 chanoine de Saint-Trophime.

ainsi que l'arrivée depuis quelques jours de l'abbé de Lubersac (1).

L'abbé Giraud ne tarda pas à se rendre à Arles pour offrir ses devoirs à son archevêque. Il se présenta le 14 novembre devant lui, et lui dit, revêtu de son manteau long : « Monseigneur, j'ai l'honneur de faire à votre Grandeur mon compliment sur son arrivée dans son diocèse ; je désirerois rendre à mon bienfaiteur tout ce que je lui dois, je ne puis lui offrir à cet égard que les faibles marques de mon respect et de mes hommages et de toute ma reconnaissance. »

Les curés d'Arles avaient été convoqués le même jour, celui de Saint-Martin, portant la parole au nom de tous, dit en substance à l'archevêque que les vertus des Hilaire, des Césaire et des hommes vénérables qui avaient illusrté le siège d'Arles étaient l'image de celles qu'on voyait reluire en lui. Le lendemain l'abbé Giraud fut invité avec les autres curés, à dîner chez le prélat.

Huit jours après il revint pour parler à l'archevêque des affaires de sa paroisse. Les processions et les bénédictions étaient trop nombreuses, il aurait voulu qu'elles fussent diminuées. « Les cabarets étaient souvent ouverts pendant les offices divins, pendant ce temps on dansait, les charrettes portaient des meubles, des marchandises ; on coupait du bois ouvertement, on vendait et on achetait sans nécessité, et ces travaux se faisaient publiquement et avec scandale dans le lieu saint ». Le viguier n'empêchait pas la profanation des dimanches. Le jour de Saint-Georges ou le 1er août, fête de Saint-Pierre-ès-Liens, avec l'agrément des consuls, il y avait lutte corps à corps avec prix à celui des deux combattants qui terrassait son adversaire. A ce propos, il écrit, dans un « Mémoire concernant les abus de la paroisse de Grans » : « J'ai lu à ce sujet une lettre

1. Bibl. d'Arles. Ms. 120 : *Correspondance de J.-B. Giraud*. I.

que M. de Janson écrivait en 1728 à feu Monsieur Joseph Pignard où il lui dit qu'il mande à M. le viguier, combien il est surpris et scandalisé qu'il eut permis qu'on eût renouvelé la lutte de ces hommes presque tout nuds qui s'ébattent en public, dont l'usage fait horreur » (1).

Le curé demanda aussi quelle conduite il devait tenir à l'égard de l'abbé Bec. Avant de rien statuer, l'archevêque tint à être mieux renseigné. Il prit la peine d'écrire à Monsieur Bec pour savoir : 1° Quelles étaient originairement les obligations du chapelain de Notre-Dame de l'Annonciade ? 2° les changements survenus depuis la fondation ? Quand, comment et de l'autorité de qui ils étaient survenus ? 3° Quelles étaient ses obligations actuelles sur ces deux points et comment il y satisfaisait ?

Le vicaire général Raymond écrivit au curé le 14 janvier 1772, qu'il ne fallait pas ajouter au nombre des bénédictions, qu'il ne fallait jamais la donner deux fois par jour, sauf pour la procession du Saint-Sacrement, qu'il n'y avait d'autorisées que celles des dimanches, des fêtes solennelles, du patron et du titulaire, quant aux processions le rituel devait le guider, qu'il devait se garder d'innover, crainte de plainte et de division (2).

Les consuls, le viguier de Grans se rendirent aussi auprès de l'archevêque. Ils logèrent à l'auberge du *Cheval blanc*. Monseigneur de Jumilhac les reçut à onze heures. Un quart d'heure avant, le curé se présenta au palais épiscopal en manteau long, il s'avança vers l'archevêque et lui dit : « Monseigneur, Messieurs les consuls de Grans viennent bientôt pour faire leur visite à Votre Grandeur, je la supplie d'avoir pour agréable que j'ajoute mes vœux les plus sincères à ceux d'une communauté qui m'est si chère. Il resta pendant l'ad-

1. Bibl. d'Arles. Ms. 116 : *Prieuré de Grans, diocèse d'Arles.*

2. Id. Ms. 120. *Correspondance de J.-B. Giraud. I.*

mission de ses paroissiens ; l'archevêque répondit gracieusement à leur compliment, et les invita à dîner. Le curé ne fut pas retenu à cause du trop grand nombre des convives (1).

Au commencement de 1772 nous trouvons encore l'abbé Giraud occupé à corriger les abus de sa paroisse. Il s'était plaint à l'autorité ecclésiastique que le cimetière ne fût pas clos, qu'ainsi plusieurs accidents étaient arrivés et des cadavres avaient été déterrés. L'archevêque lui manda le 11 janvier : « Je vous écris cette lettre pour vous dire que vous ayés à annoncer aux habitans que si ledit cimetière n'est pas réparé et mis en sûreté, je l'interdiray. Cet avertissement doit être donné au prône de la grand'messe. Vous aurez pour agréable de me rendre compte du party qui sera pris en conséquence ».

Il avait noté sur le « Mémoire concernant les abus de la paroisse », la négligence des pénitents à rendre leurs comptes. L'archevêque lui écrit le même jour : « Je vous prie, Monsieur, de m'instruire de l'état actuel de la confrairie des pénitens blancs de votre paroisse, de me marquer les fondations dont elle est chargée, si elles sont acquittées régulièrement, et si les comptes sont rendus par les trésoriers de l'œuvre. D'après les éclaircissements que vous me donnerez sur ces différents objets, je prendray les mesures nécessaires pour mettre toutes choses en règle.

Les lettres de l'archevêque produisirent leur effet. Les consuls de Grans promirent de faire relever incessamment les murs du cimetière, et les pénitents présentèrent les comptes des deux dernières années malheureusement incomplets et que le curé refusa d'approuver parce que plusieurs fondations n'avaient pas été acquittées.

1. Bibl. d'Arles. Ms 113 : *Syndicat du chapitre de la sainte église d'Arles.*

La confrérie était chargée de faire dire annuellement à la paroisse, 20 messes pour Marguerite de Laval, 6 pour Gilles Sauret, 3 pour Marie Curet, décédée le 25 mai 1771 et qui avait donné 300 livres à l'œuvre, sans compter 100 messes laissées par Vincent Bérard, décédé depuis huit ans, dont aucune n'avait encore été dite.

Un autre abus contristait la conscience délicate du prêtre. Un Monsieur Pélissier avait laissé une somme pour secourir quatorze familles pauvres du pays. Or cet argent allait à des personnes qui n'en avaient nul besoin. Il crut de son devoir d'en informer l'archevêque. Celui-ci écrivit aux consuls, le 17 janvier 1772, qu'après avoir réfléchi, pris conseil, au sujet de cette fondation il était obligé de leur dire que, parmi les familles nommées dans le testament, celles qui étaient devenues riches devaient faire place à d'autres qui fussent pauvres, et de s'entendre là-dessus avec leur curé.

On travaillait avec activité à la reconstruction de l'église. D'Alger, Monsieur Vallière, consul de France, écrivait le 27 décembre 1771, au curé qu'il s'intéressait fort à la réédification de l'édifice et qu'il désirait beaucoup que dans l'arrangement des bancs qui allait se faire, celui de sa famille fût placé dans un endroit apparent ou tout au moins sur le tombeau de ses ancêtres.

Le curé répondait le 25 février suivant, que, grâce à Dieu, on touchait à la fin de la reconstruction de l'église et qu'il n'oublierait pas la conservation du banc dont il lui parlait (1).

1. La bénédiction de la nouvelle église paroissiale de Grans fut faite par l'abbé de Lubersac, le 29 octobre 1772. Elle renfermait sept autels : le principal dédié à Saint-Pierre, apôtre ; le premier du côté de l'Evangile était sous le titre du Rosaire, le second du même côté, sous le titre de la Sainte-Trinité, et le troisième sous celui de Sainte-Thérèse, le premier du côté de l'épitre, était sous le vocable de Saint-Georges, le second sous celui de l'Annonciation de la Sainte-Vierge, et le troisième sous

Sans s'en douter, l'abbé Giraud touchait à la fin de son ministère à Grans. Une sourde hostilité se manifestait contre lui. Plusieurs cas épineux s'étaient présentés qui auraient demandé d'être résolus avec un doigté plus délié, des plaintes successives arrivaient à l'autorité ecclésiastique à Arles.

Le consul Courlet écrivant, le 6 février 1772, au grand vicaire Raymond lui donnait les griefs qu'on avait contre l'abbé Giraud. Il avait mis quelque obstacle à la solution de deux affaires qui avaient fait beaucoup parler dans le pays. Il s'obstinait à ne pas vouloir saint Georges pour patron reconnu pour tel de tout temps, ce qui causait du désordre ; enfin il ne voulait pas le rétablissement d'une procession établie « pour rendre mémorable un miracle éclatant arrivé à Grans que tout le peuple réclamait avec ferveur. »

Pour se disculper, l'abbé rédigea le mémoire que voici :

« On se plaint : 1° De ce que j'ai supprimé les processions, bénédictions, à quoy je réponds n'avoir en main aucune ordonnance qui me fasse connoître ce nombre de processions, et à l'égard des bénédictions, j'ai en main l'ordonnance de M. de Janson qui défend d'en donner plus d'une par jour ;

« 2° Que je ne fais point de processions pour la pluye lorsque le besoin l'exige et que M. Pignard n'avoit point besoin de permission pour les donner à la réquisition des consuls, à quoi je réponds n'avoir en main les permissions que pouvoit avoir M. Pignard. D'ailleurs quand les uns veulent la pluye, ceux qui ont des foins à faire faucher disent ne la vouloir. Il y a une voie toute

celui de Saint-Éloi. Ms. 141 : *Extraits des visites pastorales et des ordonnances des archevêques d'Arles concernant les églises de plusieurs villes du diocèse, moins Arles depuis Mgr de Grignan jusqu'à Mgr Dulau, 1648-1780.*

simple pour satisfaire la dévotion à cet égard. C'est d'envoyer un exprès à Mgr l'Archevêque ou à MM. les Grands Vicaires qui acquiesceront à la demande faite à cet égard ;

« 3° On se plaint de la rigueur à exiger le casuel et de trop demander, à quoi je réponds n'exiger que ce qui est taxé par l'usage du lieu qui est 6 liv. pour ma présence et celle de mon vicaire à un enterrement, pour les vespres des morts, une grand messe, la chape et une croix d'argent, encore cette taxe est bien modérée à l'égard de ceux qui ne sont pas riches, fournissant les cierges de l'enterrement, 6 liv. et même fournissant tout aux pauvres sans en exiger un denier ;

« 4° Les pénitens se plaignent de ce que je pars pour aller faire les enterrements sans les attendre, à quoi je réponds depuis quand le curé ayant donné une heure pour un enterrement est-il tenu de ne pas s'y conformer ; le curé ne se doit-il pas à lui-même et à ses successeurs de connoître ses droits et de les faire valoir ou observer ?

« 5° On se plaint de ce que je m'oppose à sonner pour un mort sans que je sois averti.

A quoi je réponds, qui doit donner l'ordre de sonner, est-ce le curé ou le peuple qu'il gouverne ? Ne faut-il pas que je sois informé de la mort de quelqu'un plustôt que j'en sois instruit par la sonnerie qu'il plaît à chacun d'ordonner ? »

Quelques jours plus tard, l'archevêque appelait précipitamment le curé Giraud :

« Arles, le 24 février 1772.

« Je vous prie, Monsieur, de vous rendre icy le plutost qu'il vous sera possible. J'ay une affaire importante à vous communiquer, et que je ne puis faire par écrit, il est nécessaire que nous en conférions ensemble, elle ne vous éloignera pas pour longtemps de votre paroisse. »

Que se passa-t-il dans cette entrevue ? On ne saurait le dire. Quoi qu'il en soit le dernier jour de ce mois de février, l'abbé Giraud donnait sa démission de curé et le lendemain, 1er mars, le chanoine de Saint-Tropnime, François Girard, bachelier dans les deux droits, était nommé à sa place, et Jean-Baptiste Giraud le remplaçait dans son canonicat, avec l'agrément de l'archevêque.

IV

L'abbé Giraud, chanoine de Saint-Trophime
(1re partie 1772-1778)

SON INSTALLATION. — REGRET DES HABITANTS DE GRANS. — MA-NIÈRE DONT LE CURÉ S'ACQUITTAIT DE SES DEVOIRS. — IL REMET A SON SUCCESSEUR LES ARCHIVES ET LES DÉPÔTS D'AR-GENT. — HABITATION PROVISOIRE ET ACHAT D'UNE MAISON A ARLES. — PASSAGE DE M. DE MONTHYON. — L'ABBÉ EST NOMMÉ CONFESSEUR DE LA VISITATION. — SES RÉFLEXIONS A PROPOS D'UNE LETTRE MORTUAIRE. — DIFFICULTÉS AVEC LE CHA-NOINE GIFFON. — IL EST NOMMÉ A UN AUTRE CANONICAT, SECRÉTAIRE DU CHAPITRE. — IL PRÉSIDE L'ÉLECTION DES DIGNITAIRES CHEZ LES CARMÉLITES. — L'ABBÉ DE ROCHEMORE DEVIENT LEUR SUPÉRIEUR, EN REMPLACEMENT DE L'ÉVÊQUE DE GLANDÈVES. — L'ABBÉ GIRAUD ASSISTE A LA PROCESSION DE SAINT-MARTIN, ET A LA REFONTE D'UNE CLOCHE. — SES RAP-PORTS AVEC L'ARCHEVÊQUE, AVEC SES CONFRÈRES. — UN DINER A LA MAJOR. — PRESTATION DE SERMENT A LOUIS XVI. — SERVICES FUNÈBRES EN L'HONNEUR DE LOUIS XV. — MORT DE Mme DE PEINT. — UN INSTITUTEUR POUR LA CHARITÉ. — MORT DE L'ARCHEVÊQUE. — NOMINATION ET RÉCEPTION DE Mgr DU LAU. — VISITES A SON ARRIVÉE. — THÈSES AU COLLÈGE. — MIS-SION DE 1776. — PASSAGES D'ÉVÊQUES. — JUBILÉ DE 1777. — POLITESSES DU PREMIER DE L'AN. — L'ABBÉ GIRAUD EST REC-TEUR DE LA CHARITÉ. — FÊTES AU COLLÈGE. — IL SE PROCURE DE BONS OUVRAGES. — LE « CLERGÉ DE FRANCE » ET « L'HIS-TOIRE DE PROVENCE ». — LES LIVRES DE SON FRÈRE.

Le 3 mars le nouveau chanoine vint prendre possession de son bénéfice. Il dit au chapitre assemblé ces paroles qu'il avait soigneusement préparées :

« Messieurs,

« Je suis infiniment sensible à l'accueil favorable dont vous m'honorez en ma réception. Il est bien flatteur pour moi de pouvoir vous en marquer toute ma gratitude. Je vous prie d'en être aussi persuadé que de l'attachement le plus sincère et le plus respectueux que j'ai voué au corps et aux particuliers qui sont les membres d'une compagnie si illustre et si respectable. »

Il fut installé par le notaire Chabran assisté comme témoins, de Jean Chrysostome Frison, prêtre du diocèse de Digne et Martial Abra, clerc tonsuré du diocèse d'Arles. Les chanoines présents furent ; Jacques de Grille Estoublon, prévôt, Jean-Baptiste-Joseph de Lubersac, archidiacre, Joseph Raymond, sacristain, Pierre de Brie, archiprêtre, Jean-Baptiste de Laurent de Beaujeu, capiscol, Pierre-François Pazery, primicier, Pierre de Bertrand, trésorier, Pierre Manuel, Charles-Joseph Deloste. Antoine Autheman, François de Cays, Charles-Joseph de Castelet, Charles de Moreton de Chabrillan et Jean-Baptiste Barbaroux (1).

La population de Grans en apprenant le changement de son curé, oubliant le passé, ne lui garda pas rancune. C'est ce qu'il manda à son frère, le 11 mars 1772 :

« On m'a beaucoup accueilli à mon arrivée ici. On m'a témoigné beaucoup de regret de me perdre, parce que l'on m'a dit me connaître et ne sçavoir pas entre quelles mains on allait tomber, mais que Monsieur l'archevêque a voulu se défaire d'un sujet qui ne lui était pas agréable, non plus qu'au chapitre. »

Dans ces dernières paroles perce un certain dépit peu

1. Bibl. d'Arles. Ms 718 : *« Titres, bénéfices et lettres de provisions. »*

respectueux pour l'autorité et bien téméraire. Cependant le curé Giraud en quittant ses paroissiens leur fit l'éloge de son successeur, et leur vanta beaucoup la « bonté de son caractère, sa capacité et sa sagesse » (1).

L'abbé n'avait pas réussi à Grans, sa manière de voir et d'agir avait indisposé les habitants à son endroit, mais il s'était toujours acquitté de son devoir de son mieux et avait toujours fait l'impossible pour le connaître. Il prenait note scrupuleusement des décisions nombreuses que, à ses sollicitations, lui envoyaient les vicaires-généraux. En voici un exemple :

Une personne de sa paroisse avait demandé la commutation du vœu de ne plus jouer au tric-trac. Elle fut accordée moyennant la condition imposée de porter le cilice si la santé le permettait ou de dire cinq *pater* et cinq *ave* et de faire une confession et une communion tous les mois.

L'abbé ne tarda pas a quitter Grans. Il remit à son successeur l'argent des différentes œuvres, notamment 12 livres 10 sols de la confrérie de Saint-Eloi, 600 livres de celle du Rosaire. Cette somme assez forte provenait d'un remboursement de 575 livres 11 sols 6 deniers pour une lampe d'argent portée par ordre du roi à la Monnaie. Les registres de catholicité qu'il déposa entre les mains de Monsieur Girard et qui avaient été tenus par les prieurs et les vicaires de Grans remontaient à l'année 1579.

A son arrivée dans la ville d'Arles, le nouveau chanoine occupa provisoirement une maison habitée précédemment par le prêtre Manuel, un de ses confrères du

1. L'abbé François Girard prit possession du prieuré le 3 mars, à 10 h. du matin accompagné des consuls du lieu en chaperon et d'un grand nombre de paroissiens, au bruit des boîtes tirées à trois reprises. Il fut victime de la Révolution, dût quitter Grans et fut condamné à mort par le comité révolutionnaire de Marseille le 7 pluviôse an II [26 janvier 1794] comme fédéraliste, et guillotiné dans cette ville. Il n'était âgé que de 54 ans.

chapitre. A la Saint-Michel, il fallut chercher un autre logement car celui où il se trouvait allait se vendre. Il y avait pas bien loin de Saint-Trophime, une maison pour le capiscol que l'abbé de Rastignac (1), grand vicaire, avait loué au titulaire, mais qu'il n'occupait point, attendu qu'il séjournait habituellement à Paris, rue de Vaugirard. Après un échange de lettres avec l'archevêque et le grand vicaire, le chanoine Giraud fut autorisé à l'habiter, moyennant 200 livres de loyer, et certaines réserves, comme une chambre pour retirer les meubles du grand vicaire. Une maladie l'empêcha d'aller s'établir dans cette maison aussitôt qu'il aurait voulu. Il y resta jusqu'en 1776. A cette époque il acheta un hôtel situé rue des Gantiers, derrière l'hôtel de ville et où il mourut. Le 15 juillet de cette année il en informa l'abbé de Rastignac qui se trouvait alors à son abbaye de Saint-Mesmin, dans l'Orléanais. Celui-ci ne voulant plus d'un immeuble qui lui était à charge, pria le 28 octobre suivant l'abbé Giraud de s'entendre avec l'abbé de Beaujeu, capiscol, pour le louer à quelque autre ecclésiastique.

Rentré dans sa ville natale, le nouveau chanoine ne la quittera plus. Il recueillera, à partir de ce moment, après avoir rempli les fonctions de son ministère sacré, une foule de notes historiques sur Arles, la Provence que jour par jour, pour ainsi dire, il prendra dans les pièces d'archives ; ses nombreuses lectures lui fourniront l'occasion d'accumuler, sur toutes sortes de sujets, des indications précieuses, accompagnées quelquefois mais trop rarement de réflexions personnelles.

1. Rastignac (Armand de Chapt de) né en 1726 au château de Laxion, en Périgord, ne semble pas avoir beaucoup résidé à Arles. Il avait été nommé chanoine de Saint-Trophime et ensuite grand vicaire par Mgr de Jumilhac. Arrêté à Paris le 25 août 1792, et incarcéré à l'Abbaye, il y fut massacré dans la nuit du 5 au 6 sept.

Le 10 juin de cette année il assista à la réception, à l'archevêché, de Monsieur de Monthyon, intendant de Provence. Voici comment il parle de cette visite :

« [Il] arriva le 10 juin 1772 à la porte du Marché Neuf, à 6 h. du soir. On tira les boettes, [il] reçut le compliment des consuls, de là vint à pied à l'archevêché, passant devant Monsieur de Méjanes, les Carmes, il marchait entre Monsieur le premier et Monsieur le second consul ; la marche était précédée par les cavaliers de la maréchaussée à cheval et la garde de l'hôtel de ville. Monsieur l'intendant arrivé au bas de l'escalier de l'archevêché, MM. les consuls en prirent congé. L'archevêque était à l'escalier sans être descendu. [Il] conduisit l'intendant dans son appartement jaune, où après s'être un peu reposé il reçut les complimens du chapitre, du siège, etc. Le lendemain à l'issue de la grand'messe, il vint dans la sacristie pour nous faire visite. Six chanoines furent au-devant de lui. Nous avions tous nos manteaux longs, dit l'abbé, il nous salua en entrant au milieu, à droite et à gauche, sans rien nous dire ; il était accompagné seulement de Monsieur Laville, subdélégué de Monsieur l'Intendant. Le président qui était Monsieur Raymond, sacristain, lui adressa la parole, lui disant que nous partagions bien sincèrement avec tous les citoyens la joye que nous procuroit une si heureuse circonstance ; à quoi il répondit qu'il en étoit persuadé et nous pria d'agréer tous ses remerciements à cet égard. Cela fait, il se retira accompagné de six chanoines jusqu'à l'arceau de la tribune de la musique... Monsieur l'intendant étant sorti de la sacristie je fus avec trois de nos Messieurs à l'archevêché pour l'attendre et lui faire nos visites particulières, en manteau long toujours. Il reçut là les complimens du corps des notaires, des procureurs, des Dominicains, Oratoriens, Récolets, Trinitaires, Capucins, Minimes, etc. Le chapitre de la Major fut le dernier à venir le complimenter. La communauté lui fit porter son pré-

sent dans une grande corbeille, consistant en 40 livres
de bougies, 40 boîtes de confitures, 18 bouteilles environ de vin du pays ; le tout fut présenté par M. l'archivaire de l'hôtel de ville, accompagné des valets de ville.
Après avoir assisté et entendu les complimens, nous
passâmes chez Monsieur l'archevêque sans quitter nos
manteaux longs, où Monsieur l'Intendant se rendit ;
nous y restâmes peu de temps tous les quatre, à cause
du grand monde qui suivit M. l'intendant chez M. l'archevêque dans son salon de compagnie » (1).

Après quelques mois de séjour, le chanoine Giraud
reprit son ministère auprès des communautés religieuses de la ville, sur les instances de l'archevêque :

« Vous me ferés très grand plaisir, lui mande Mgr de
Jumilhac, le 31 octobre 1772, de vous charger des confessions que Monsieur Imberty entendoit à la Visitation.
Toute la communauté vous désire ; j'ai lieu de croire
que vous vous rendrez à ses empressemens. Et je vous
en prie en mon particulier. J'en écris ce jour même à
Madame la Supérieure, avec laquelle vous prendrez sur
cela vos arrangemens. »

Aumônier de religieuses, le chanoine Giraud aimait à
recueillir les documents qui les concernaient. Après
avoir copié la lettre du 20 avril 1773 de la secrétaire du
chapitre du Carmel d'Aix sur la mort de la sœur de
Lieuron (sœur sainte Victoire), il ajoute ces paroles :

« Cette lettre est d'un stile trop ampoulé qui n'a pas
le naturel d'une lettre ; l'expression *placée sur le chan-*

1. Bibl. d'Arles, *Ms. 112 : Notes particulières sur l'église
d'Arles.* — Monthyon (Antoine-Jean-Baptiste-Robert Auget,
baron de), né en 1773, fut successivement intendant de la Provence, de l'Auvergne et du pays d'Aunis, puis conseiller d'Etat
et chevalier du comte d'Artois, qu'il accompagna dans l'émigra-
tion. Il ne rentra en France qu'en 1815, et mourut à Paris
en 1820. C'est le célèbre fondateur d'innombrables prix de l'A-
cadémie française. *Biographie universelle* de Feller.

delier, ne se dit pas d'une religieuse qui doit vivre dans la solitude et non au grand jour. Ces mots conviennent à un évêque, à un curé ou à tel autre prélat. »

La circulaire contient encore une demande de prières pour la défunte. A ce propos le chanoine fait cette réflexion. « Ces mots : *C'est moins pour ses besoins que pour les nôtres* sont déplacés attendu que les gens de bien ou justes ont besoin d'expier après leur mort bien des fautes vénielles ou d'imperfection ; c'est ce qu'on a toujours dit et ce qu'on lit des plus vertueux, à moins que cette religieuse ne soit morte sans aucune attache à la plus légère faute et imperfection et qu'elle en fut exempte à la mort. Cette proposition n'est donc point exacte et elle mérite d'être critiquée comme contraire à la doctrine de l'Eglise : rien de souillé n'entrera dans le ciel, dit l'Ecriture. Il est donc bien difficile pour ne pas dire impossible que le plus juste n'ait à expier quelque faute en purgatoire au sortir de cette vie. On ne canonise pas quelqu'un sans que l'Eglise ait prononcé sur son sort (1).

Le bénéfice dont était pourvu l'abbé Giraud était grevé d'une pension annuelle de 400 livres que s'était réservée le chanoine diacre Julien Giffon lorsqu'il en fit la résignation, à Avignon, le 19 octobre 1768, entre les mains du curé Girard. Il aurait voulu pour de bons motifs être déchargé d'une partie de cette redevance. Il écrivit à plusieurs reprises à l'archevêque qui se montra fort aimable pour lui, comme on va le voir.

Une première fois il lui répond de Paris, le 14 octobre 1772 : « Le refus, Monsieur, que vous faites au sieur Giffon de lui payer en entier la pension qu'il a retenue sur son bénéfice est autorisé par les « Déclarations du clergé » revêtues de Lettres Patentes. Si vous êtes attaqué sur cet objet en justice, vous trouverez ces différentes

1. Bibl. d'Arles. *Ms 116 : Prieuré de Grans, diocèse d'Arles.*

pièces qui doivent vous servir de deffenses dans les procès-verbaux du clergé. »

Une autre fois, le 31 octobre 1772 il lui mande que sur son désir il fait préparer une consultation qui ne pourra être prête qu'après la Saint-Martin parce que les avocats sont à la campagne jusqu'à la rentrée du Parlement.

Le 29 décembre suivant, en lui faisant espérer que l'abbé Giffon ne persistera pas dans sa demande, il lui dit : « Si vous pouvez éviter un procès vous ferez fort bien de ne pas vous y livrer mais si votre adversaire ne se rend pas, je ne pense pas que vous en deviez craindre l'événement. » Cette affaire traîna en longueur. Une transaction allait être proposée. L'archevêque lui écrivit, en effet, du Mesnil-Voisin près Arpajon, le 28 juillet 1773 :

« Le sieur Giffon, Monsieur, m'a déjà fait part de l'accommodement projeté au sujet de la pension réservée sur son canonicat. Je lui ai répondu qu'il feroit très bien de terminer cette affaire. » Elle fut close pour l'abbé Giraud par sa nomination à un autre canonicat.

Le chanoine Charles Delhoste était mort le 9 mai 1773, deux jours après Jean-Baptiste Giraud fut élu à sa place par le chapitre après trois tours de scrutin. Le prévôt de Quinson (1) s'était absenté pour

1. Quinson (Jean-Baptiste Achille François de Paule de Villardy de), prêtre de Montpellier fut prévôt de l'église d'Arles de 1772 à 1790. Il parvint par ses intrigues à se faire nommer député suppléant aux Etats-Généraux, mais il donna sa démission bientôt après et fut nommé commissaire pour l'organisation du département des Bouches-du-Rhône. Il prêta le serment à la Constitution civile du clergé et embrassa avec ardeur le mouvement révolutionnaire. Il devait finir misérablement ; condamné pour faux en écritures, aux galères à perpétuité, il mourut dans l'hôpital de Rochefort, assisté et administré à ses derniers moments,

ne pas céder aux vicaires généraux qui se disaient en droit de présider, lorsque l'archevêque n'y était pas. Le nouveau chanoine prit possession le lendemain, en présence de Joseph Gastinel, prêtre, sous-chanoine et de Martial Abra, clerc tonsuré. Les chanoines qui assistèrent à la cérémonie furent : Joseph Raymond, sacristain, Jean-Baptiste de Laurent de Beaujeu, capiscol, Pierre-François Pazery, primicier, Pierre de Bertrand, trésorier, Pierre Manuel, Antoine Autheman, François de Cays, Armand René d'Aurivilliers de Saint-Montan, Bernard d'Icard, théologal, Charles Moreton de Chabrillan, Jean-Baptiste Barbaroux.

Mgr de Jumilhac qui estimait l'abbé Giraud fut content de cette nomination. De Paris il écrit, le 19 mai 1773, à Giraud de Peint, son frère, pour le féliciter (1) et le lendemain il mandait au chanoine :

« J'apprends avec un grand plaisir, Monsieur, que vous avez été nommé par Messieurs du chapitre, au canonicat vacant par la mort de M. l'abbé de Loste. Je suis charmé de la marque d'estime que vous ont donnée Messieurs vos confrères en cette occasion, je me serois volontiers réuni à eux pour concourir à votre élection, si j'avois été présent. Vous voilà débarrassé de la pension et du procès qui en étoit la suite, vous n'aurez plus

en juillet 1803, par l'évêque Mgr de Demandols, ancien grand vicaire de Marseille.

1. Il le faisait en ces termes :

« Je partage sincèrement, Monsieur, la satisfaction que vous a donnée la nomination de M. votre frère au canonicat que feu M. l'abbé de Loste a laissé vacant. Je vous en fais en particulier mon compliment. Vous devez connaître depuis longtemps l'intérêt que je prends à ce qui vous regarde. et le sincère dévouement avec lequel, je suis, Monsieur, votre très humble et très obéissant serviteur,

J. Joseph, arch. d'Arles. »

Bibl. d'Arles. *Ms. 121 « Correspondance. »*

de partage à faire des revenus de votre bénéfice. Je suis très sensible à la remise que vous vous proposés de me faire de votre ancien canonicat. Cette démarche de votre part me confirme dans l'idée que j'avois déjà, de l'honnêteté de votre façon de penser. Vous pouvez faire votre démission quand vous voudrez. Vous aurez la bonté de la remettre à M. Raymond à qui j'écris ce jour même pour lui désigner votre successeur. »

Le chanoine se démit immédiatement de son autre bénéfice car Jean-Baptiste Vallière, organiste, écrit dans son *Mémorial* :

« Le 26 (mai) on a appris que Mgr l'archevêque avait nommé M. [Jean] Robert (prêtre d'Arles), doyen de la Major, au canonicat vacant par la démission de M. Jean Giraud. Il a pris possession le 27 mai après vespres. »

Le dernier venu dans le chapitre, il en fut nommé secrétaire en 1773 et nous avons pu lire dans le registre des Délibérations de 1769 à 1778, à la date du 2 mars, cette note écrite de sa main et assez curieuse :

« Le prévôt informé de l'importance qu'il étoit pour le chapitre d'avoir la copie de l'ancienne carte de la Crau avec son cadre et sous des glaces a bien voulu en faire l'aquisition de l'héritier de feu Monsieur l'abbé de Grille, son prédécesseur et son oncle et en a fait don à la compagnie qui lui a témoigné par M. le sacristain toute sa satisfaction et sa reconnaissance et il a été délibéré qu'elle serait placée dans les archives à l'endroit le plus convenable.

Raymond, sacristain, Giraud, chanoine secrétaire. »

Notre abbé allait être chargé d'une mission honorable. De Paris où il s'était retiré et où il demeurait, rue des Fontaines, proche le Temple, l'ancien évêque de Glandèves, G. de Tressemanes, supérieur des Carmélites d'Arles le priait le 28 juin de faire les élections à sa place. Il ajoutait :

« Je prie Dieu que tout se passe dans la paix et selon Dieu. Je comprends que le choix pour la prieure pourroit tomber sur la mère de Saint Benoît et de sous-prieure sur la sœur Marie-Elisabeth, actuellement dépositaire. »

A la réception de cette lettre l'abbé réunit les religieuses et leur dit : « Mes Révérendes Mêres et très honorées sœurs, monsieur l'ancien évêque de Glandèves, votre digne et respectable supérieur m'écrit que ne pouvant venir faire les élections, il me prie de vouloir bien y procéder, il m'ajoute qu'il se flatte que le choix que vous fairés sera conforme à la volonté de Dieu et toujours digne de vos sentimens ; en un mot que ce sera un choix dicté par le lien de la paix et l'union de vos cœurs qui vous caractérisent. Je vous avoue et je vous prie de l'avoir agréable que je ne veux avoir de part à vos élections que celle que vous voudrez bien consentir de me donner. Je prendrai à cet égard avec la communauté tous les arrangements que vous trouverés bon pour le jour et l'heure. Vous pouvés me parler si vous le jugés à propos, je ne désirerai rien de plus, en vous offrant mes services, que de vous prier d'en disposer en tout ce qui peut vous faire plaisir. »

La cérémonie eut lieu le lendemain à 10 heures, Monsieur Audibert assistait Monsieur Giraud. La communauté se composait de 12 religieuses dont une était encore au noviciat et trois non professes, par conséquent de 8 seulement ayant voix au chapitre.

Avant l'élection, l'abbé Giraud fit ses dernières recommandations aux religieuses, il leur dit à toutes :

« Il vous faut pour mère prieure, une personne de la maison, une des anciennes qui connaisse vos usages, qui ait la connaissance des offices différens de la maison, une personne qui se soit longtemps exercée dans tous les emplois, que vous ayez éprouvée vous-même, qui s'entende dans le spirituel comme dans les affaires ou

le temporel de la maison, une personne qui ait pratiqué
longtemps la vertu parmi vous, une personne charitable, douce, affable, une personne qui soit formée à vouloir le bien de la maison, vous distinguerés parmi vous
celle qui a toutes ces qualités essentielles. Vous allez
faire une élection. Quelle action plus importante : elle
est du nombre de celles dont vous rendrés compte
au tribunal du souverain Juge, faites bien attention à
cette action qui suppose tant d'intégrité, de discernement et d'impartialité dans le choix, vous serez toutes
et une chacune jugées sur la démarche que vous allés
faire. Ainsi avant que de rien entreprendre consultés
bien Dieu, demandés lui ses lumières et ensuite agissés
pour le bien de la religion qui seul doit vous tenir si
fort au cœur : ne veuillés donc suivre ici que les mouve-
mens de votre conscience, profitant des connaissances
que l'Esprit-Saint vous donnera. Pour moi quoique je
doive présider à cette cérémonie soyez persuadé que je
n'y suis dans un sens que votre principal témoin. S'il
n'y a dans cette élection unanimité des suffrages, du
moins qu'il n'y ait rien qui ne m'y édifie et qui n'y
suppose cette union de cœur et cette vraie charité si
nécessaire pour convenir d'un bon sujet lequel mis une
fois en place vous portera et vous encouragera à la per-
fection de votre état, votre salut dépend de ce choix et
étant sûrement le parti que vous allez prendre, je ne
vous dis plus rien, agissez en toute confiance en Dieu
qui sera toujours avec vous tant que la religion subsis-
tera et que vous y vivrez pour y être heureuses et con-
tentes en vous avançant chaque jour vers votre éternité
en suivant Dieu ici-bas de tout votre cœur. »

La communauté élut pour supérieure la mère sous-
prieure ou sœur de Saint Benoît, pour sous-prieure, la
sœur Marie-Elisabeth de Saint-Jean-Baptiste, pour première dépositaire la sœur Claire du Saint-Cœur, pour
troisième dépositaire la sœur Marie Anne Colombe de

Jésus. L'abbé Giraud qui présidait fit l'éloge des nouvelles élues :

« Mes Révérendes Mères et très honorées sœurs, c'est
en vertu des pouvoirs qu'a daigné me confier l'ancien
évêque de Glandèves votre digne et respectable supérieur que j'approuve, que je ratifie bien volontiers et
que je confirme de tout mon cœur ces élections. Quant
à la mère sous-prieure que vous avez élue pour
prieure, je puis vous dire que ses exemples aussi efficaces que ses paroles fairont toujours plus sur vos esprits
et sur tous vos cœurs l'impression qu'ils méritent autant
qu'elle sera elle-même pour vous toutes une règle
vivante dans la pratique constante de tous vos devoirs
envers Dieu ; pour la sœur Elizabeth que vous avez élùe
pour mère sous-prieure, je puis bien vous dire que son
exactitude et son grand zèle pour la maison de Dieu
qui vous est parfaitement connu ne peut que se retracer
vivement encore dans son empressement à s'unir à
l'ardeur de vos vœux, en faisant avec vous l'office des
anges dans le ciel en même temps qu'elle ne cessera de
régler ce qui concerne l'office du chœur sur la terre
pour vous animer à bénir ensemble chaque jour le Seigneur. Si vous avez fait choix de la sœur Claire pour
première dépositaire, certainement ses grandes qualités
et ses vertus personnelles ne perdront rien, disons
mieux, elles ne sçauraient que gagner infiniment à être
mises au plus grand jour, il vous falloit dans l'administration du temporel une personne aüssi intelligente
qu'elle pour réunir en elle et mériter vos suffrages...
Un mauvais éloge ne sçauroit qù'obscurcir ce que j'aurois à vous dire de la bonté d'âme et de la droiture des
intentions de la 3ᵉ dépositaire nommée sœur Marie
Colombe ; le choix que vous en avez fait pour occuper
une place aussi importante parmi vous, met sans doute
le comble à tous vos désirs et ne sçauroit à vos yeux
que justifier les veües de Dieu sur elle. Mes Révérendes

Mères et mes très honorées sœurs, c'est là votre ouvrage, je l'admire, je le respecte, empressons-nous tous ensemble de rendre à Dieu nos plus humbles et nos plus sincères actions de grâces. Nous dirons à cet effet l'hymne, *Te Deum*, etc. »

Le lendemain de cette cérémonie qui se fit le 6 juillet 1773, l'abbé Giraud écrivit à l'évêque de Glandèves :

« Monseigneur j'ai procédé aux élections de vos saintes filles selon la commission dont vous avez bien voulu m'honorer et conformément à vos vœux et à la paix de Dieu qui règne sous vos auspices dans cette respectable communauté, on a élu pour prieure, etc. (voyez ci-dessus). J'ai lieu de me flatter que cet ouvrage servira toujours plus à l'avancement de la piété de cette communauté à laquelle je suis vraiment attaché à raison de tous les sujets d'édification que j'y trouve pour mon salut. Je vous supplie, Monseigneur, d'avoir agréable la continuation de mes services pour cette maison, ma reconnaissance à cet égard égalera toujours les sentimens du plus profond respect avec lesquels j'ai l'honneur d'être, Monseigneur, de Votre Grandeur, le très humble et très obéissant serviteur. »

Sur son désir, la mère prieure écrivit à l'archevêque qui lui répondit : « Il est bien honorable pour vous, ma chère fille, d'avoir été choisie pour gouverner votre sainte communauté, et je suis persuadé que l'élection qu'elle a faite de vous lui sera très utile, par la sagesse et la douceur de votre gouvernement. De mon côté je m'estimerai infiniment heureux si je peux vous donner des marques du véritable intérêt que je prends à ce qui regarde votre maison et des sentimens de la considération avec laquelle, je suis en particulier, votre très humble et très obéissant serviteur. »

L'évêque de Glandèves eut bientôt un successeur comme chef de la maison des Carmélites d'Arles. La supérieure nomma l'abbé de Rochemore (1) pour le remplacer. On écrivit à l'abbé Biscarel, prêtre de Saint-Sulpice, ancien curé des Saintes-Maries, pour le prier de faire confirmer l'élection par le nonce, mais celui-ci avait été changé, et le nouveau n'était pas encore arrivé à Paris. Il fallut attendre, puis quand le moment fut favorable on écrivit à l'archevêque qui était alors à Paris et qui répondit à la mère prieure :

« Il n'était pas possible, ma chère fille, que l'ancien évêque de Glandèves pût remplir les devoirs attachés à la supériorité de votre maison, veu son grand éloignement. Vous avez sagement fait de lui donner un successeur. J'ai confirmé très volontiers la nomination que vous avez faite de M. l'abbé de Rochemore. Vous la trouverez à la suite de l'acte que vous m'avez envoyé et que je joins à la présente. Soyez persuadé de l'intérêt que je prends à votre communauté et en particulier de la sincère considération avec laquelle je suis, ma chère fille, votre très humble et très obéissant serviteur. »

C'est encore le chanoine Giraud qui a conservé dans ses papiers tous ces détails et qui en a soigneusement pris note (2).

Il assistait, en qualité de chanoine, à certaines fêtes religieuses en dehors de son église. Pendant l'Octave de la Fête-Dieu de 1773, le chanoine d'Icard, théologal, fut invité à porter le Saint-Sacrement à la procession de la paroisse de Saint-Martin avec cinq de ses confrères pour l'aider, savoir le chanoine Manuel, comme prêtre assistant, les chanoines de Cays et de Castellet, pour diacre et sous-diacre, les chanoines Robert et Giraud pour porter la « toilette ». Au jour dit, un peu après cinq heu-

1. L'abbé Henri de Rochemore d'Aigremont, grand vicaire de Nîmes mourut dans cette ville le 28 août 1784, à 69 ans.

2. Bibl. d'Arles. Ms 117 : *« Documens relatifs à la direction des Carmélites d'Arles.*

res et demie du soir, ils se rendirent dans la chapelle du Séminaire, et là, seuls, attendirent le départ de la procession. Ils s'étaient revêtus des ornements du chapitre. Le lendemain le chanoine d'Icard remercia ses confrères de l'honneur qu'ils lui avaient fait en l'accompagnant dans cette cérémonie (1).

Le 24 septembre suivant, le chanoine Giraud assista à la refonte de la grosse cloche de Saint-Trophime (2) par les frères Babandi. Celui de Nîmes, principal intéressé, commença l'opération à 4 h. du soir par la fonte de l'ancienne cloche, et la termina à 9 h. par la jetée dans le moule de la matière en fusion. « Je remarquais alors trois choses dans cette fonte, dit l'abbé, la première que lorsque le fondeur perça le fourneau, la matière parut

1. Bibl. d'Arles. Ms 112 : « *Notes particulières sur l'Eglise d'Arles.* »

2. Cette cloche qui datait de 1609, s'était cassée une première fois le jour de Noël 1771 et avait été refondue le 10 août 1772 à 10 h. 1/2 du matin par les deux frères Babandi. L'abbé Giraud nous a laissé d'intéressants détails sur cette opération. « Le feu commença à 5 h. du matin environ. La matière ne resta dans le fourneau ou ne s'y fondit que l'espace de 6 h. ; sur les 10 h. on prit garde que le fourneau perdoit, la matière qui s'y fondoit ayant percé couloit en dehors. Ce que quelqu'un ayant fait remarquer au principal obligé et fondeur de Nismes, il mit tout de suite dans le fourneau l'étain de Cornouailles et le leton de Rosette qu'il avoit à ajouter à la matière qui se cuisoit, et quatre minutes après il jetta ou fondit la cloche : on la tira de terre, elle fut nettoyée, elle ne convint du tout à cause des défauts intérieurs qu'elle avoit. M. Dupont ayant passé ici vers ce tems, vit la cloche, et après l'avoir bien examinée, il déclara par écrit qu'elle ne pouvoit durer et qu'ainsi elle n'étoit pas de recette attendu qu'il falloit 9 h. de temps pour la fonte et l'alliage de l'étain et du cuivre ou leton cy dessus avec l'ancienne matière ou Babandi n'avoit mis que quatre minutes. » Bibl. d'Arles. Ms. 112. « *Notes particulières sur l'église d'Arles* », n° 139.

engagée et avoir de la peine à sortir, elle vint ensuite mais bien lentement ; la seconde que le fondeur engagea une seconde fois la matière à sortir avec son long bâton qu'il laissa au trou du fourneau pour que la matière suivît le bâton et coulât dans le canal jusqu'au moule de la cloche ; la troisième que le fondeur fourgonnoit au trou du moule et pressoit la matière pour la faire entrer dans le moule de la cloche. Ces observations faisoient craindre que la matière ne fut pas bien fondue, et que la clôche ne fût pas bonne ou durable. Cependant étant tirée de terre et bien nettoyée, elle se trouva nette, n'ayant point de bosse ni de cavité en dedans, comme il était arrivée à la précédente. »

Cette cloche n'eut pas le poids, ni le ton, ni les dimensions de l'ancienne, on n'osa pas la refuser et elle fut bénite le 1ᵉʳ octobre par le grand vicaire Pazery qui lui donna son nom de baptême et l'appela Pierre. Elle contenait les armes de l'archevêque et celles du Chapitre, et portait l'inscription : *Laudate Deum in cimbalis bene sonantibus, psallite Deo nostro, psallite, psallite regi nostro, psallite sapienter.* Elle était encore ornée d'une croix de rigueur. Après la bénédiction elle fut montée au clocher où elle se cassa le lendemain, 2 octobre, à 6 h. du soir pendant qu'on la sonnait pour annoncer la fête de la translation des reliques de Saint-Trophime. Elle fut refondue le 6 juin 1774, à 10 h. du matin par les mêmes opérateurs, et bénite le 13 juin suivant par le grand vicaire Raymond, puis remise de suite en place. Elle sonna à volée pour la première fois le 16 juin pour les glas du service du roi Louis XV qui devait être célébré le lendemain, comme nous le dirons bientôt.

Le chanoine était fidèle à écrire à l'archevêque à la fin de l'année quand il était absent, et quand il se trouvait à Arles, il allait lui rendre visite avec le chapitre. Il nous a conservé le texte des lettres envoyées en 1773,

1774 et 1775. Dans celle du 26 décembre 1774, il dit à Mgr de Jumilhac que l'abbé de Lubersac, son neveu, lui a depuis peu renouvelé ses pouvoirs ecclésiastiques verbalement et pour un temps indéfini pour toutes les fonctions de zèle où il pourroit être appelé dans le diocèse, preuve nouvelle que l'abbé Giraud s'occupait utilement et rendait d'utiles services.

Il avait d'intimes amis parmi ses confrères. Il était quelquefois admis à leur table. C'est ainsi que le 31 janvier 1774, il se trouva au repas que donna M. Jean Estrivier (1), curé de la Major d'Arles, et dont il nous a conservé le menu : « M. Reivirtse (anagramme) a donné à dîner à Messieurs les curés, dont j'étais le 31 janvier 1774, scavoir : 1° une soupe de vermichely entre quatre assiettes d'hors d'œuvres, une de petit pâté, une d'andouillettes, une de cochon qui étoit de gros morceaux de ventresque et l'autre une poule coupée par morceaux très honnêtes. La soupe ôtée on a mis le bouli qui étoit un gros morceau de groumeu [poitrail de bœuf] entouré de persi. Ce premier service ôté on a mis un plat de truffes coupées par morceaux où étoit au milieu un morceau de pain, cuites au vin, et ce entre deux grosses entrées dont l'une étoit composée de deux canards aux navés et l'autre d'un levrau en ragoût qu'on appelle un civié. Ce second service ôté, on a mis pour rot au milieu un biscuit à la framassonne comme celui de la visitation en 1773, entre deux chapons remplis de truffes, un plat de soufleur et le porte huillet. Ce troisième service ôté on a mis au milieu un plat de blanc mangé, un plat de baigné et puis huit assiettes de dessert dont quatre d'un côté formant deux rangs et quatre de l'autre en même ordre ; la première une compote de

1. Estrivier (Jean), était chanoine à Beaucaire, lorsque le 30 juin 1773, il fut nommé curé de la Major. Le 4 août 1778 il fut nommé curé de Saint-Martin.

pomme, la seconde de maccaron, la troisième de noix cassées, l'autre de marron sous une serviette pliée ainsi qu'on la range avant de se mettre à table, ces marrons étoient fricassés tout uniment, et ce d'un côté, et de l'autre la première assiette une compote de coin, une de maccarron d'une autre espèce que celle de cy devant, une de noizette et l'autre de figue, et près du blanc mangé ou plutôt le blanc mangé, ou peut-être le biscuit à la framassonne qu'on avoit laissé, entre quatre bouteilles de vin de malaga de différentes espèces, ce vin n'était pas assez varié. Le tout ôté on servit le caffé qui termina le tout. Il manquoit le pousse-caffé. »

A la suite de ce récit, l'abbé ajoute :

« Il y a en ce tems de quoi donner à manger, mais après pasques, on trouve difficilement, il n'y a que de l'agneau de camp, ce tems est stérile en gibier et en volaille. On ne peut faire dresser un dîner à un traiteur qu'à 6 livres par tête et même faut-il être 8 ou 10 personnes ; sur ce nombre un traiteur trouve à gagner, ce qu'il ne fait pas sur celui de 4 ou 6 personnes. A 3 livres ou 3 livres 10 ou 12 sous, un traiteur ne peut donner que bien peu de choses ; à 6 livres, il vous donne un peu plus ou plus honnêtement. Un dinde coûtaît cette année en carnaval 3 livres 10 ou 12 sols la pièce. La bonne manière ou façon de se procurer un bon dinde, c'est de l'engraisser chès soi, autrement l'achetter au marché, vif ou mort, c'est s'en procurer un bien maigre ou qui ne vaut pas grand chose. » (1).

Il fut aussi en relation avec l'abbé Courbon, prêtre de la collégiale de Saint-Gilles. Le chanoine Giraud avait promis d'aller le voir mais en avait ensuite été empêché. Le 6 mai 1774, il reçut cette lettre :

---

1 Bibl. d'Arles. *Ms. 239 : « Mes dernières recherches. Louis Mège. »* Pages 59-61.

« Mon très cher et aimable chanoine,

« Je ne vous tiens pas quitte de votre promesse et de celle de notre amy Léonard ; il est juste que l'un et l'autre preniez le temps qu'il vous sera le plus libre. Si vous ne venés que pour un jour vous ne satisferés mon plaisir qu'imparfaitement. Profités de quelque bateau qui descendra à Saint-Gilles et pour votre retour j'en fairay mon affaire. Je compte vous accompagner à l'abbaye des Bernardins (1) qui n'est qu'à une lieue de Saint-Gilles pour vous faire connaître le prieur et le sous-prieur qui sont mes intimes amys... Je vous embrasse et le cher amy M. Léonard et suis avec un respectueux attachement, etc. »

Quelques jours après eut lieu à Arles la prestation de serment au nouveau roi Louis XVI. Le chanoine Giraud prit part à la cérémonie comme on va le voir.

Le 25 mai, Messieurs Joseph de Bœuf et Joseph Christophe de Gastaud, conseillers, et Jean-Baptiste-Suzanne d'Albertas, avocat général du roi, commissaires députés par le Parlement de Provence se rendirent à 10 heures dans la salle capitulaire de Saint-Trophime, accompagnés de M. Régibaud, leur greffier, et précédés d'un « exempt » et de quatre cavaliers de la maréchaussée. Ils entrèrent par la grande porte, escortés de deux huissiers et furent reçus au bénitier par Messieurs d'Icard, chanoine théologal, syndic, et Giraud, chanoine administrateur qui leur présentèrent de l'eau bénite et précédés par les deux bedeaux en robes violettes avec leurs « masses », les conduisirent par l'escalier du cloître et les firent monter à la salle capitulaire, où s'étaient rendus un peu auparavant Messieurs les dignités,

1. L'abbaye de Franquevaux (Gard). Le prieur et le sous-prieur devaient être à cette époque, Jean Simon Midoz et Henri-Mathieu d'Arlhach. Voir *L'abbaye de Franquevaux aux deux derniers siècles* par Prosper Falgairolle. Nimes, 1894.

personnats et chanoines du vénérable chapitre en surplis et aumusses, de même que les bénéficiers. Les cavaliers étaient restés trois en dedans et deux en dehors de
la grande porte de l'église. Lorsque les commissaires
furent arrivés auprès de la salle capitulaire, le chapitre
s'avança jusqu'à la porte et les reçut en dedans et les
conduisit à leur place, c'est-à-dire M. de Bœuf, chef de
la commission à la première place à droite qui touche
celle des présidents du chapitre et qui resta vide, M. de
Gastaud après M. de Bœuf, M. d'Albertas après M. de
Gastaud, M. le sacristain, le plus digne des prêtres présents, se mit près de M. d'Albertas, la moitié du chapitre du même côté et l'autre moitié en face après la place
du président, les bénéficiers suivaient aux deux ailes,
les huissiers se mirent au fond de la salle en entrant et
du côté droit, les deux bedeaux au seuil de la porte
pour arrêter le peuple, les deux battants restant ouverts.
Ensuite tout le monde s'étant assis, M. de Bœuf prit la
parole et dit l'objet de sa venue, l'avocat général fit un
discours sur l'obligation du serment, le sacristain répondit à ces deux orateurs, puis M. de Bœuf commença
par ce dernier à recevoir le serment des chanoines et
bénéficiers, pour cela chacun se levait à son tour, sans
sortir de sa place, mettait la *main ad pectus*, et promettait fidélité au nouveau roi Louis XVI, à mesure qu'il
était nommé par M. Chabran, notaire et secrétaire du
chapitre assis au bureau au côté gauche de M. Regibaud,
écrivant. La cérémonie finie, les commissaires furent
accompagnés par le chapitre jusqu'à la porte de la salle
capitulaire et reconduits par Messieurs les chanoines
d'Icard et Giraud, précédés des deux bedeaux jusqu'au
bénitier.

L'abbé note à propos de la mort de Louis XV les services qui se célébrèrent dans Saint-Trophime et auxquels
il assista.

Le 17 juin eut lieu celui du chapitre. Le chœur était

tapissé comme à la mort d'un chanoine. L'archevêque était absent. On ne mit point de draperie noire sur son siège. Sur la grande porte de l'église, en dehors il y avait une litre et trois armoiries. Le catafalque trop modeste était dans le chœur et formé par deux gradins peu élevés. Il était éclairé par une vingtaine de cierges de médiocre grosseur. Il portait une couronne d'argent sur un petit carreau noir, le tout couvert d'un crêpe. Il était surmonté d'un baldaquin suspendu à la hauteur de la croix du maître-autel. C'était le dais dont se servaient les pénitents noirs à leur procession du Saint-Sacrement dans l'Octave de la Fête-Dieu. Le service fut annoncé la veille depuis midi jusqu'à une heure et le soir depuis sept jusqu'à huit heures par des glas solennels. La grosse cloche de Saint-Trophime qui venait d'être refondue sonna à cette occasion pour la première fois. Le capiscol Laurent de Beaujeu, officia à la Grand' Messe qui se dit à 10 h. et fut précédée de sexte et de none. Elle fut chantée par une fort mauvaise musique, celle de la Métropole. On finit par cinq absoutes. Les musiciens étaient en collet blanc, ceinture de crêpe et boucles noires aux souliers. Les consuls assistaient à la cérémonie avec quelques personnes notables des deux sexes.

Le 31 se fit le service demandé par la ville. Après bien des pourparlers on parvint à s'entendre. La cérémonie commença à 9 h. et demie du matin. Le catafalque très haut occupait toute la largeur de la grand nef. Il représentait un tombeau, et était surmonté d'une pyramide élevée, parsemée de fleurs de lis. La décoration était somptueuse, mais les cierges étaient trop petits. L'abbé de Lubersac officia, la musique exécuta une messe de Gilles. Le père Barthélemy, prieur des carmes déchaussés prononça l'oraison funèbre. On sonna les cloches à volée comme pour les grandes fêtes.

Le chanoine Giraud assista aussi le 27 septembre au

service que les Pénitents blancs firent célébrer dans l'église des Grands Augustins aujourd'hui église paroissiale de Saint-Césaire. La messe fut chantée par M. d'Icard, théologal avec M. Tinellis de Castellet, comme prêtre assistant, M. Giraud, comme diacre, et M. Tourteau, comme sous-diacre. Le Père Cornand, jeune prêtre de l'Oratoire prononça l'oraison funèbre et fut véritablement éloquent. La cérémonie se termina par le chant du *Te Deum* en l'honneur de l'avénement de Louis XVI. Après la cérémonie, le chanoine Giraud se rendit chez le baron de Lédenon avec ses principaux confrères où un splendide dîner leur fut servi (1).

Il fut lui-même en deuil, à la fin de cette année. Le jeudi 15 décembre mourut sa cousine, Madame de Peint, femme de son frère. Elle était âgée de 66 ans, 4 mois, 13 jours, étant née le 2 août 1708. Elle fut enterrée le lendemain, à 4 h. du soir, dans l'église Saint-Julien, dans la chapelle de Saint-Antoine, que son mari avait fait réparer récemment.

De ce fait la pension de 100 livres que recevait l'abbé Giraud fut doublée et portée à deux cent livres (2).

Au commencement de 1775 il s'occupa de procurer un instituteur à la Charité. Il écrivit le 5 février à une personne de Saint-Gilles :

« Mon très cher Monsieur,
Depuis que je vous ai écrit hyer au matin, mon frère m'a parlé du besoin qu'auroit d'un précepteur pour les enfans, la maison de la Charité de ce pays-ci, et il a pensé qu'il se pourroit trouver à St-Gilles quelque sujet

1. Bibl. d'Arles. Ms 112 : « *Notes particulières sur l'Eglise d'Arles.* » — Ms 424 : « *Relation de divers événements curieux qui sont arrivés à Arles en Provence.* » — *Bulletin... du Vieil Arles* (1903), p. 59-80.

2. Bibl. d'Arles, Ms 366 : « *Livre de raison de Jean-Pierre de Giraud de Peint.* »

capable de remplir les fonctions de cet emploi. Vous jugeres surement par la connoissance que vous pouves avoir de cette maison, du mérite et de la capacité que le bureau désireroit trouver dans ce sujet. Il est question du gouvernement de soixante à soixante-dix enfans, de leur apprendre à lire, à écrire et de leur inspirer la crainte de Dieu et l'amour du travail. Les honoraires du jour de l'entrée sont de cent livres payables cinquante livres de 6 en 6 mois. Le précepteur est réputé officier dans la maison, logé, nourri, blanchi et entretenu sain et malade. Quant à la table elle est en commun avec l'aumônier et l'économe, auxquels la maison fournit généralement tout, à l'exception de ce qu'on nomme la pitance pour laquelle la maison accorde à chacun des trois officiers huit sols par jour, ce qui fait pour les trois vinqt-quatre sous. Vous rendries un véritable service à cette maison, si vous pouvies lui procurer un sujet de convenance, et dont les mœurs, probité fussent généralement reconnues, et l'engager à accepter cette place, après lui avoir ajouté tout ce que votre esprit de charité pourra vous inspirer, et je vous serai en mon particulier très obligé, mon cher M^r, de vouloir bien me marquer si vous pouvez penser pouvoir trouver à St-Gilles une personne d'une vocation décidée et d'un caractère à pouvoir vivre en paix et de bonne intelligence avec les autres officiers de cette maison.

Je dirai à mon frère ce que vous aures la bonté de me marquer là dessus pour qu'il en rende compte au bureau qui l'en a chargé. Je suis en attendant votre réponse avec bien de respect, mon très cher Monsieur, votre, etc.

GIRAUD, chanoine.

L'archevêque qui avait été si bienveillant pour lui en toute circonstance mourut peu de jours après. Voici comment il note cet évènement :

« Le 20 février 1775, M. Jean-Joseph Chappelle de

Jumilhac, archevêque d'Arles mourut à Paris. La nouvelle de sa mort arriva ici le 26... Le lendemain 27 à l'issue de la grand'messe M. le syndic nous assembla dans la sacristie pour nous informer de la mort de Mgr l'archevêque. On délibéra ensuite de faire sonner la grosse cloche en ce même jour depuis 3 h. après midi jusqu'à huit heures du soir seulement pour informer le peuple de la mort de Mgr l'Archevêque. »

On s'étonnera de ces sèches paroles, l'abbé n'a pas un regret sur la perte de celui qu'il a toujours appelé son bienfaiteur. Il faut dire à sa décharge qu'il n'avait pas le cœur très sensible et que l'endroit où il nous parle de cette mort fait partie d'une suite de notes sur l'Eglise d'Arles où il n'avait pas à faire du sentiment. L'abbé Bonnemant, son contemporain n'imite pas cette réserve et il nous dépeint en quatre mots, en son style incisif, le défunt archevêque :

« Lorsqu'il fut nommé archevêque d'Arles, dit-il, un quelqu'un écrivit ici de Bretagne que nous trouverions dans notre prélat les qualités du marbre : froid, dur et poli. Il ne se trompait pas et nous l'avons jugé tel. » (1)

L'abbé Giraud consigne au même endroit la nomination du nouvel archevêque. Il écrit le 5 mars 1775 :

« Le chapitre ayant appris la nomination de M. l'abbé Du Lau, agent général du clergé, à l'archevêché d'Arles, se détermina sur le champ à écrire une lettre de félicitation au nouvel archevêque à peu près dans ces termes : Monseigneur l'amertume en laquelle nous a plongés la mort de notre respectable archevêque est véritablement grande. Dans un si triste évènement nous bénissons la main paternelle qui pourvoit abondamment à nos besoins dans le choix que notre auguste monar-

1. Bibl. d'Arles. Ms. 131 : « *Mémoires pour servir à l'histoire de l'église d'Arles*... par Laurent Bonnemant, ecclésiastique de la même ville,

que vient de faire en votre personne d'un successeur
si digne d'occuper ce siège. Qu'il serait consolant et
véritablement flatteur pour nous, Monseigneur, de pouvoir mériter votre confiance et de ressentir en toute
occasion les précieux effets d'un cœur si bon et si juste,
d'une âme si droite et si capable d'apprécier le mérite
que votre réputation nous a déjà annoncé, ainsi que les
autres qualitésbienfaisantes qui vous distinguent. C'est
en les admirant longtemps, que nous sommes Mgr.....
L'abbé, de même que ses confrères, signa cette lettre, ainsi que celle qui fut envoyée le 17 mars pour
conférer au nouvel archevêque le titre de vicaire général, ce qui était si peu canonique.

Il nous a laissé pareillement un long récit de la prise
de possession du siège épiscopal, le 20 novembre
1775, (1) que nous avons reproduit ailleurs (2).

Il n'oublie pas de mentionner l'arrivée à Arles de Mgr
du Lau et de parler des visites qui eurent lieu, à cette
occasion :

« Le 22 février [1776], 2ᵉ jour du carême, M. du Lau,
archevêque d'Arles arriva en cette ville, à 4 h. et demie
après midy, on avoit envoyé la veille des billets à tous
les doyens et chefs des églises de la ville pour les avertir
de faire sonner toutes leurs cloches, lorsque celles de
notre église sonneroient l'arrivée de M. l'archevêque.
En effet la première cloche ayant d'abord sonné seule
pendant quelques minutes, toutes celles de la ville son-
nèrent. La communauté fit tirer en même tems les
grosses boettes. Le 23, à 10 h. et demie du matin après
le sermon, le chapitre fut visiter M. l'archevêque, il
sortit de la sacristie où il s'étoit assemblé, précédé des

1. Id. Ms. 112 : « *Notes particulières sur l'église d'Arles* ».

2. Voir notre étude sur l'*Abbé Pierre Bertrand des Ferris*,
pp. 8-12, parue d'abord en 1907 dans le *Bulletin de la Société
des Amis du Vieil Arles*.

deux massiers, Messieurs le prévôt et l'archidiacre marchant les premiers et ainsi des autres par rang d'ancien-
neté. Tous ces messieurs étoient en manteau long, ils se
rendirent dans la grande salle de l'archevêché. A
mesure qu'ils avancèrent, le prélat avança aussi et vint
jusqu'au milieu de la salle. Alors Monsieur le prévot fit
sa révérence et ainsi des autres. Quand tous l'eurent
faite et que le cercle fut formé, monsieur le prévôt
s'avança un peu et la harangua. Monsieur l'archevêque
ayant répondu, ces messieurs se retirèrent les moins
dignes défilant les premiers, le prélat accompagna le
chapitre jusqu'à la porte de son palais. Après midi je
lui fis une visite en particulier avec un de nos messieurs,
nous étions l'un et l'autre en manteau long. Le 24, à
l'issue de la grand'messe qui se dit à 9 h. 1/2, le chapitre en habit de chœur, précédé par deux massiers, sans
croix, sortit par la grande porte de l'église, les plus
dignes marchant les premiers, fut à l'appartement de
M. l'archevêque où s'étoient déjà rendus messieurs les
consuls, monsieur l'archevêque étoit, selon l'usage, en
rochet et camail, les autres jours de l'année il est revêtu
de l'habit de chœur, suivant la saison. Après qu'un chacun des messieurs l'eût salué, on vint à l'église, la croix
archiépiscopale à la tête, sortant par la porte du palais.
Lorsque le chapitre sortit pour aller prendre M. l'archevêque, la grosse première cloche sonna toute seule,
selon l'usage. Quand on fut arrivé à l'église au dedans
au commencement, on y forma le cercle. L'orgue joua
du moment que la croix de M. l'archevêque parut dans
l'église. Monsieur le prévôt présenta le goupillon à
M. l'archevêque qui prit de l'eau bénite, en donna au
chapitre et à messieurs les consuls. Après on s'avança,
les messieurs furent à leur place, le prélat à la sienne
qui étoit parée du tapis et carreau violets. Un moment
après un des conventuels vint dire une messe basse qui
étoit celle de l'office du jour ou de férie, la couleur de

l'ornement violet, cette messe fut servie par deux ecclésiastiques du bas-chœur en surplis, pendant laquelle
il y eut un motet en musique qui fut chanté à la tribune... La messe finie on conduisit le prélat jusqu'au
vestibule qui est le devant de l'escalier du palais archiépiscopal ou la croix s'arrêta, et les messieurs entrèrent
dans l'église par la porte de Saint-Jean, vinrent quitter
leurs habits de chœur, prirent leur manteau long et se
rendirent à la salle capitulaire pour recevoir la visite
que M. l'archevêque devoit faire à la compagnie... On
députa quatre messieurs parmi lesquels il y avoit un
dignitaire, un personat et les deux plus anciens du
chapitre... Quand il fut arrivé et qu'on l'eut salué, M^r
le prévôt le prit par la main et le conduisit à la place
du président du chapitre... M. l'archevêque fit un compliment à la compagnie, auquel M^r le prévôt répondit.
Ensuite le prélat embrassa monsieur le prévôt, puis
monsieur l'archidiacre, et ensuite chacun des messieurs
selon le rang, sortit de sa place et vint devant le prélat
qui l'embrassa, puis M^r l'archevêque pria la compagnie
de vouloir bien l'accompagner à la visite qu'il alloit
faire à Messieurs les consuls... Tout le chapitre fut invité
la veille pour aller dîner à l'archevêché ce jour-cy. »

Dans le cours de la même année, l'abbé assista au
collège à une séance littéraire, comme il nous l'apprend
lui-même : « Le 20 juillet 1776 nous avons été aux thèses
dédiées à Messieurs les consuls, non en corps, mais par
tourbe seulement. » Cet exercice fut soutenu par l'élève
Louis Joussaud, de Fontvieille qui eut à répondre à des
questions de philosophie, sous la direction de l'abbé
Bertin, son professeur.

Vers la fin de l'année eut lieu la célèbre mission donnée par seize missionnaires. Le chanoine Giraud nous
dit qu'elle s'ouvrit à Saint-Trophime le 24 novembre,
dans la matinée, en présence de l'archevêque. Il y avait
tous les jours, après la messe conventuelle de 9 h., une

instruction, et le soir, après les vêpres, chantées à 2 h. 1/2 un discours où une conférence, puis la bénédiction du Saint-Sacrement. L'archevêque était très exact à ces exercices, les chanoines allaient en corps à son devant. On prêcha également à Saint-Julien et à Sainte-Croix. Le 19 décembre il y eut un discours parfait sur la Sainte-Vierge, et le lendemain, le sermon sur la passion de Notre-Seigneur Jésus-Christ.

Le 24, le chanoine assista à la procession de clôture qui se rendit à la porte de la Cavalerie pour la plantation d'une croix bénite par l'archevêque.

Le 2 janvier 1777 il accompagna avec ses confrères Mgr du Lau chez les consuls. On était indécis si on devait le suivre, on députa le syndic vers l'archevêque. Il descendit, entra dans la sacristie, pria les chanoines de venir avec lui au moins pour cette année. « Nous l'avons reçu en manteau long dans la sacristie, dit l'abbé Giraud ; de là nous l'avons accompagné à l'hôtel de ville, et ensuite chez lui, le laissant sur le devant de l'escalier où il nous a salués, et à quoi nous avons répondu de même. »

Il n'était pas rare de voir des évêques venir présenter leurs devoirs à Mgr du Lau. Les chanoines ne manquaient pas de rendre visite à ces personnages. C'est ainsi que l'abbé Giraud note l'arrivée à Arles, le 22 janvier 1777, de l'archevêque de Toulouse, et le 11 mars suivant, celle de l'évêque de Saint-Paul-Trois-Châteaux.

Mgr du Lau avait promulgué depuis quelque temps déjà la bulle du Pape accordant un jubilé à l'occasion de l'année 1775. Le chanoine Giraud écrit comment l'archevêque a fait gagner cette indulgence aux membres du chapitre. Le prélat avait réduit les quinze visites prescrites à cinq. Il arrêta qu'on chanterait le psaume *Miserere mei* et les litanies des saints ; que, dans chaque station, arrivé au pied de l'autel, on chanterait les antiennes, versets et oraison du titulaire et que le prêtre conventuel officiant réciterait ensuite cinq *Pater* et cinq *Ave*. Les visites commencèrent le 6 mars 1777. Après complies on alla prendre l'archevêque chez lui. Arrivés au chœur derrière le tabernacle, les chanoines prirent place à leurs stalles. Deux cierges étaient allumés sur l'autel. Les choristes en chapes violettes et bourdons entonnèrent le psaume de la pénitence. La procession fut terminée chaque fois par le conventuel officiant en chape et étole violettes, portant en main une petite crosse d'argent, ayant à ses côtés les diacre et sous-diacre en dalmatiques de même couleur. Le premier jour la procession se rendit aux églises de Saint-Julien, de Saint-Martin et de l'Hôtel-Dieu. Les chanoines furent reçus à la porte de chaque église par les curés qui leur présentèrent l'eau bénite. On n'alla point à la Major parce que le doyen de ce chapitre ne voulut pas rendre cet honneur. Les cierges du maître-autel étaient allumés ; il y avait du côté de l'évangile un prie-Dieu couvert de tapis et un carreau par dessus pour l'archevêque et des tapis sur les bancs pour les autres prêtres du cortège. La procession finit à Saint-Trophime. Le second jour on se rendit à Sainte-Croix, à l'Hôtel-Dieu, à la Charité, le troisième, à Saint-Julien, à Saint-Martin, à la Charité, le quatrième à Sainte-Croix, à l'Hôtel-Dieu, à la Charité, le cinquième à Saint-Julien, à Saint-Martin, à Sainte-Croix. Le syndic donna au nom du chapitre, douze livres d'aumône à l'Hôtel-Dieu et à la Charité.

Le 11 mai 1777 on fit la clôture du jubilé par une procession générale à laquelle assistèrent ainsi que le jour de l'ouverture, tous les corps séculiers et réguliers de la ville, les curés, les chanoines de la Major, les quatre confréries des pénitents et tous les pauvres de la maison de la Charité. A l'issue des complies, on entonna, comme d'habitude le psaume *Miserere*, puis les litanies des saints. La procession se dirigea vers l'église des Grands

Carmes. Avant d'y arriver le capiscol commença le *Te Deum* qu'on finit dans le temple. Le Saint-Sacrement fut exposé, on chanta en plain-chant les trois strophes : *Pange lingua*, *Tantum ergo* et *Genitori*, puis on donna la bénédiction.

Cette année l'abbé Giraud fut fidèle comme toujours à la visite traditionnelle à l'archevêque qui se faisait en corps, avec les membres du chapitre, le 31 décembre à l'occasion de la nouvelle année et il en a laissé ce récit : « Nous nous sommes rendus, dit-il par le grand escalier en manteau long, dans la grande salle (de l'archevêché) où Mgr du Lau, en manteau long, assisté de ses deux aumôniers.., nous attendoit. Monsieur le prévôt l'a harangué ; M' l'archevêque y a répondu. Ensuite il nous a accompagnés, marchant par le grand escalier devant ou le premier jusqu'à la petite porte de la chapelle de Saint-Jean (d'où nous étions venus), restant en dedans et saluant chacun des messieurs, à mesure que nous passions devant lui, mais sans être accompagné de ses aumôniers qui venoient après nous et qui en se retournant ont accompagné M. l'archevêque dans son appartement. »

L'abbé Giraud était payé de retour des politesses qu'il savait rendre soit à l'autorité, soit à ses confrères. Un de ses anciens vicaires de Grans, l'abbé Milhe ne manquait pas de lui écrire pour lui souhaiter la bonne année. Nous possédons encore la lettre envoyée, le 15 janvier 1776, par ce prêtre alors vicaire aux Baux dans laquelle il lui dit que l'attachement qu'il a toujours eu pour lui l'invite à lui présenter ses vœux pour la conservation de ses jours, vœux qui lui sont dictés par le cœur.

Dans le courant de cette nouvellee année 1777, Jean-Baptiste Giraud reçut une nouvelle charge. Il y avait toujours un chanoine parmi les recteurs de la Charité d'Arles dont son frère était archiviste depuis quelque temps. Les élections se faisaient aux fêtes de Pâques pour une période de deux ans. Le chanoine de Saint-Montan qui était arrivé au terme de son mandat, désigna le premier avril, l'abbé Giraud pour le remplacer. Monseigneur du Lau fut présent au scrutin. Les recteurs, outre le bon ordre de la maison auquel ils veillaient donnaient leur avis sur l'admission des pauvres. Le 6 avril 1779 il choisit à son tour pour le remplacer le chanoine de Truchet.

Pendant ce laps de temps, l'abbé Giraud prit part à une fête dont il nous a donné le récit. Il y eut le 5 août 1777, au collège d'Arles, une soutenance de thèse de théologie devant le chapitre et les consuls. Elle fut dédiée à l'archevêque. Ce fut l'abbé d'Icard, théologal du chapitre qui fit l'ouverture par un compliment au prélat, aux curés, au professeur et au répondant. On fut fort content de cette joute scolaire (1).

. Le 18 août de l'année suivante, l'archevêque fut également invité dans la même maison à des exercices littéraires qui eurent lieu en son honneur. Le chapitre y assista mais non l'abbé Giraud qui pour lors était infirme. Il note qu'il n'en a point connu le cérémonial sauf que l'archevêque présida la fête en manteau long (2).

Les papiers du chanoine Giraud sont ainsi pleins de renseignements sur l'histoire de son temps. Partout où il avait passé il s'était fait un devoir de se procurer les documents qui pouvaient intéresser. A Beaucaire il avait copié une lettre de l'archevêque nommant le 21 juillet 1743 un de ses prédécesseurs à la Charité. A Grans il avait recueilli plusieurs écrits des curés du lieu, ou des lettres des archevêques d'Arles ainsi que de copieuses notes sur l'enseignement à Salon, fait l'histo-

1. Bibl. d'Aix. *Ms. 788 : Annales de la ville d'Arles.*

2. Bibl. d'Arles. *Ms. 112 : Notes particulières sur l'église d'Arles.*

rique sommaire des chapellenies de son prieuré. Il avait profité du séjour de son frère à Paris pour augmenter sa bibliothèque de plusieurs bons ouvrages. Depuis son retour à Arles il écrivait dans un de ses manuscrits intitulé : *Mélanges historiques*, les passages remarquables de ses lectures. On pourrait faire une liste de ses principaux livres, comme aussi des journaux ou revues qu'il lisait. A cette époque ou les périodiques étaient assez rares et assez chers, il en recevait ou du moins en lisait plusieurs, notamment la *Gazette de France*, le *Mercure*, les *Nouvelles littéraires*, le *Courrier d'Avignon*.

On trouve trace dans sa correspondance du souci qu'il avait de se fournir de bons livres. Il avait chargé un de ses confrères, le chanoine d'Icard momentanément dans la capitale, de lui procurer l'ouvrage de l'abbé du Tems : *Le Clergé de France.* Il en reçut, le le 21 novembre 1778, la lettre suivante :

« L'ouvrage dont vous me demandés la continuation très cher confrère, n'a eu que les 4 volumes que je vous ai envoyés. M. l'abbé du Temps peu satisfait de l'accueil qu'on a fait à ses productions et du peu de débit qui s'en faisoit n'a pas jugé à propos de tenir sa parole et de finir le tableau du clergé de France, etc. Je suis, mon cher confrère, avec les sentiments que vous me connaissez depuis longtemps pous vous.

Votre serviteur, ami et confrère,

L'abbé d'ICARD DUQUESNE, ch^{ne} d'Arles. »

Au revers de cette lettre, le chanoine Giraud a écrit de sa main cette note : « Le prospectus du Clergé de France publié en 1772, en proposant la souscription de cet ouvrage, annonce 6 volumes, dont le cinquième et le sixième doivent paroître en 1774, on y ajoute que cet ouvrage sera terminé, 1° par une table générale, à l'aide de laquelle toutes les familles pourront retrou-

ver aisément les articles qui intéressent chacune d'elles ;
2° par un tableau de tous les chapitres, paroisses,
cures, etc., monastères d'hommes et de filles, etc. Cette
dernière partie de l'ouvrage sera imprimée tous les ans,
sous le titre de Clergé de France, avec les changemens
qui seront arrivés dans le cours de l'année ou chaque
partie aura été distribuée. C'est donc le cinquième et le
sixième volume, la table générale, etc., et le tableau de
tous les chapitres, etc., qui manquent à l'ouvrage que
j'ai reçu. M. du Tems ne les ayant point donnés au public, sans ces trois derniers volumes son ouvrage demeure informe ou imparfait, d'où il résulte qu'il manque aux quatre volumes que j'ai reçus huit provinces,
savoir : Paris, Reims, Rouen, Sens, Toulouse, Tours et
Vienne qu'il donnera probablement en quelques mo-
mens, ou dont les cahiers sont entre ses mains, et
qui ne paraîtront vraisemblablement qu'à sa mort.

Au sujet de cet ouvrage, il recevait de Paris, en février 1782, ce qui suit :

« L'ouvrage du clergé de France en question n'a été bon
que pour l'auteur et a ruiné le pauvre libraire nommé
Benart : l'auteur ne parle plus depuis qu'il a la bouche
pleine et c'est une entreprise qui tournera au préjudice
des souscripteurs. Les notes que M. du Tems a insérées
dans son ouvrage ont flatté la vanité de quelques familles
qu'il a fait revivre et d'autres dont il a augmenté le lus-
tre : à l'aide de ce passe-port, il a vogué à pleines voiles
dans l'océan de la fortune, mais ce pauvre libraire a été
attrappé ainsi que les souscripteurs, la rentrée de ses
fonds n'ayant pas été égale à la sortie il a été obligé de
faire capot.

Ainsi, il n'y a que quatre volumes du Clergé de
France qui devoit en avoir sept, il n'y a pas apparence
qu'il soit même fini et il n'y a aucune nouvelle édition
des 4 premiers volumes, voilà *in puris naturalibus et pro-
prio pugno* ce que m'a donné un libraire de la rue Saint-

Jacques qui connoît parfaitement cette partie, il est le 4ᵉ libraire auquel je suis parvenu successivement, il ne m'a pas été possible d'aller jusqu'au sieur Benart, l'imprimeur, par une raison bien simple, c'est qu'il est décédé et que pour remplir votre commission, je n'aurois pas envie de le suivre dans l'autre monde.

Un autre libraire vient de me rectifier le nom du sieur Bénart, il prétend qu'il s'appelleroit Brunet, mais il m'a confirmé et son décès et sa faillite et l'insuccès de l'ouvrage, il m'a dit nettement que ceux qui ont les quatre premiers volumes en ont tout ce qu'ils pourront en avoir, que l'ouvrage est fini pour eux, qu'ils peuvent mettre au bas du 4ᵉ volume fin, et s'ils ont avancé de l'argent pour la continuation mettre dans les registres deux p. p. qui signifient, comme vous scavés payé ou perdu à volonté. »

Dans une autre circonstance il cherchait à se procurer l'Histoire de Provence, il la demandait inutilement à Avignon. M. Monier, son ami, prêtre béuéficier à Saint-Agricol, lui écrivait le 19 mai 1777.

« Monsieur, il y a environ huit jours que j'ai rendu le premier volume de l'Histoire de Provence pour laquelle j'avois souscrit et on m'a rendu mes avances de la souscription sur les nouvelles qu'on m'avait données de l'embarras où se trouvoit le siéur Roberty sur lequel je ne compte plus. »

Son frère Jean Pierre avait pareillement des goûts intellectuels. On voit, de temps en temps dans son *Livre de raison* des achats de livres dont devait certainement profiter l'abbé. Ainsi, par exemple, les 16 et 21 septembre 1762, à l'encan de la succession de Monsieur Haramboure, prêtre, il se procure cinq cartes des cinq parties du monde et la mappemonde de Nolin, une carte de France du même, un plan de Paris, une vue perspective d'Arles et des Célestins de Lyon, le 23 novembre suivant, au décès de M. de Pontes, archiprêtre, une carte des environs de Paris, le 28 janvier 1767 il achète le

Dictionnaire de Furetière, en 3 vol. in-4°, qu'il paye neuf livres au libraire de l'Hôtel de Ville d'Arles, le 8 août 1769, à l'encan de M. Buisson, archidiacre, il prend un petit tableau de sainte Thérèse et 15 volumes des Œuvres de Bourdaloue, le 20 juin 1771, le libraire Gaudion lui remet les Souffrances de Jésus, en 2 vol. et un code concernant la procédure à suivre dans les procès ; le 8 novembre 1773, il demande au même un Missel latin-français et un Diurnal ; le 25 janvier 1774, il reçoit du même quatre volumes imprimés à Lyon, de la *Vie des Saints*, du pèreBouhours, jésuite, qu'il paye 7 livres.

V

L'abbé Giraud, chanoine de Saint-Trophime
(deuxième partie, 1779-1788)

IL EST NOMMÉ SYNDIC. — CHOIX D'UN PRÉDICATEUR POUR LA MÉTROPOLE. — LES CURÉS DE SAINT-MARTIN ET DE LA COURONNE, LES ABBÉS MARTIN ET DAUMAS. — OFFRE DE MUSIQUE REFUSÉE. — DIFFICULTÉS POUR TROUVER UN SECOND CHORISTE. — LE P. VITALIS, PRÉDICATEUR DU CARÊME. — LES DEUX STATIONS DU PRINTEMPS ET DE L'HIVER A SAINT-MARTIN DE CRAU. — LES CHANTS DE LA SEMAINE SAINTE, ET M. DE LINCEL. — LE SERVICE DOMINICAL DE SAINT-JEAN DU GRÈS. — LES VISITES DU JEUDI-SAINT. — ARRIVÉE DE L'ÉVÊQUE DE GLANDÈVES. — UNE PLACE DE PRÊTRE CONVENTUEL DU CHAPITRE EST VACANTE. — LE SERVICE DOMINICAL DE GALIGNAN ET DU MAS-THIBERT. — LE BAILON AUDIBERT, NOMMÉ CHANOINE, EST REMPLACÉ. — MORT DU CHANOINE FRANÇOIS DE CAYS. — Mr DE LA LAUZIÈRE ET LE CHAPITRE. — UN NOUVEAU CHANOINE, L'ABBÉ DE BEAUPUY. — MORT DU CHANOINE BARBAROUX. — CHANT D'UN « TE DEUM ». — FÊTES DE SAINT-TROPHIME ET DE SAINT-MARTIN DE CRAU. — LE P. BESSON ET LE CHANOINE ROUX, PRÉDICATEURS DE L'AVENT, L'UN A SAINT-MARTIN DE CRAU, L'AUTRE A SAINT-TROPHIME. — FIN DU SYNDICAT DE 1779. — LE CHANOINE GIRAUD RECTEUR DE L'HÔTEL-DIEU EN 1780 ET 1781. — MORT DE PIERRETTE SAUVAT ET DE THÉRÈSE DASTRE. — ÉLECTIONS A L'ASSEMBLÉE GÉNÉRALE DU CLERGÉ DE FRANCE.

— L'OFFICE DU BIENHEUREUX ALLEMAND. — LA CHAIRE DE SAINT-TROPHIME. — UN PROJET DE FONDATION. — JEAN-PIERRE GIRAUD ET Mgr DU LAU. — L'ECCLÉSIASTIQUE ROULLET ET L'ABBÉ GIRAUD. — MÈGE, ORGANISTE. — UNE PROCESSION D'ESCLAVES. — CONSCHÉ, MAITRE DE CHAPELLE. — MORT D'ARTAUD, BÉNÉFICIER, DE LAURENT, MÉDECIN, ET DE JEAN-PIERRE GIRAUD. — LETTRES DE Mgr DU LAU ET DE L'ABBÉ MONIER. — LES CÉLESTINS D'AVIGNON. — LE MAS DE PEINT. — « LES REMONTRANCES DU CLERGÉ DE FRANCE ».

L'abbé Giraud fut nommé le 13 décembre 1778 par ses confrères, syndic du chapitre, charge qu'il occupa pendant un an. Il a recueilli dans un de ses manuscrits (1) jour par jour le détail de tout ce qu'il a fait pendant ce temps. Nous ne rapporterons que les principales de ses actions. Il dit lui-même : « Le 13 décembre le chapitre m'ayant nommé sindic de l'argent... je fus le matin du même jour, sur les 10 h. 1/2 à l'archevêché, moi seul, sans manteau long pour faire part à M. l'archevêque de ma nomination au sindicat, lui dis que M. l'archevêque ayant des affaires en commun avec le chapitre, je lui demandais d'avance ses bontés, ainsi que la permission d'avoir sur ce recours à ses lumières dans l'occasion. »

Le 1er janvier 1779 il permet aux enfants de chœur d'aller voir leurs parents.

Le 12 janvier il propose au chapitre de nommer le prédicateur de l'octave du Saint-Sacrement et de la fête de la translation de Saint-Trophime. Ce fut l'abbé Savournin, vicaire de Sainte-Marthe, à Tarascon, qui fut choisi. Le syndic lui écrit d'Arles le 14 janvier 1779 :

« Monsieur,

« J'ai l'honneur de vous informer du choix que la Compagnie vient de faire de vous pour prêcher

1. Bibl. d'Arles. Ms. 113 : « *Syndicat du chapitre de la sainte église d'Arles.* »

cette année l'octave du Saint-Sacrement dans notre
église métropolitaine, et le discours de Saint-Trophime qui échoit le 1er dimanche d'octobre, même
année. M. l'abbé Pazeri sacristain m'a dit vous avoir
prévenu sur les 3 sermons que l'on est en usage de donner dans le courant de cette octave et sur la rétribution de 30 liv. qui y est attachée, ainsi que sur
celle de 6 livres que l'on donne pour le discours de
Saint-Trophime. Je serois flatté en mon particulier de
pouvoir ajouter à l'empressement du public à vous
entendre celui de vous marquer bien sincèrement combien je suis avec respect, Monsieur,

Votre très humble serviteur, Giraud, chanoine sindic.

M. l'abbé Pazeri m'a prié de la part de M. l'archevêque de vous demander si vous pouvies procurer un
prédicateur pour le carême prochain aux paroisses de
Ferrières, du Martigues et de Saint-Mitre, distantes d'une
lieue ; le même prédicateur fairoit les deux stations et
recevroit les deux honoraires montant 90 livres chacun.
Un mot de réponse, la-dessus, s. v. p. »

Le 18 janvier l'abbé Savournin en lui donnant satisfaction sur tout ce qu'on lui demandait, ajoutait :

« Je serai fort exact à répondre à tant d'honnêtetés, il
il ne me manquera que le talent pour plaire à un corps
aussi éclairé mais accoutumé à traiter les orateurs avec
bonté. » Tout en implorant l'indulgence de la compagnie, il dit pourtant qu'il s'efforcera de faire de son
mieux afin de mériter l'estime de tout le clergé et avoir
la faveur un jour de prêcher le Carême.

Le lendemain le syndic accordait 36 livres au curé de
Saint-Martin de Crau pour les pauvres. Mais le chapitre
ne voulut rien lui donner pour aider ses paroissiens à
réparer la porte de leur église. Le 3 février, M. Huard,
un des marguilliers exposait qu'elle était en mauvais

état et que des voleurs pourraient facilement l'ouvrir. L'abbé Giraud se contenta d'écrire au curé trois jours plus tard :

« Sur ce qui a été exposé au chapitre que la porte de votre église étoit dans le plus mauvais état, jusques à faire craindre qu'on put l'ouvrir aisément et y voler les vases sacrés et les ornemens de la sacristie, le chapitre m'a paru désirer que vous fussiez instruit de sa peine à ce sujet. Il se promet cependant beaucoup de votre sagesse et de votre zèle qui ne manqueront point de vous inspirer dans cette circonstance les moyens les plus efficaces pour la plus grande sureté du dépôt sacré des vases prétieux et des ornemens de l'église qui vous sont confiés. Si vos affaires vous permettent en quelque moment de venir ici et que vous me fassiez la grâce de passer chez moi, j'ose me flatter que vous calmerez bientôt les plus justes inquiétudes du chapitre là-dessus. Soyez persuadé en attendant du respectueux dévouement avec lequel je suis, M[r], etc..... »

Le 2 février il reçut la visite du chanoine Clastre (1), sacristain de la Major, qui vint lui faire ses excuses pour n'avoir pas donné l'eau bénite aux membres du chapitre non plus qu'aux consuls dans la cérémonie de ce jour.

De la Couronne, le même jour, l'abbé Daumas, prêtre,

---

1. Le même jour le chanoine Clastre écrivit aux consuls : « Messieurs, c'est avec le plus grand regret que je me suis aperçu, qu'un petit deffaut d'exactitude, très involontaire de ma part, m'a empêché de me trouver à la porte de l'église pour vous présenter l'eau bénite. La circonstance qui m'a surpris et l'espèce de trouble qu'elle m'a causé ne m'ont pas permis de réparer sur le champ mon deffaut, permettés que je le fasse par cette lettre qui servira d'ailleurs à vous convaincre du très respectueux dévouement avec lequel j'ai l'honneur d'être, Monsieur,

Votre très humble et très obéissant serviteur, Clastre, chanoine.
Arch. municip. d'Arles. *Correspondanoe, 1781 à 1785.*

demandait au syndic sa part des 50 livres d'augmentation que le roi venait d'accorder aux secondaires, pour
le temps qu'il était resté vicaire à Marignane depuis le
mois de janvier 1778, savoir . janvier, février, mars,
avril et sept jours du mois de mai. L'abbé Giraud lui dit
qu'il aurait bientôt satisfaction.

De Paris les compositeurs de musique Legrand et
Foy proposèrent le 8 février au chapitre, par lettre imprimée, un abonnement à leurs œuvres moyennant
150 livres par an. L'abbé Giraud fut prié de ne pas leur
répondre.

Le 16 février, le second choriste, M. Coste, demanda
et obtint son congé. Le syndic dut s'occuper du choix
de son successeur. Il proposa d'abord pour le remplacer, M. Chauvet, ecclésiastique du diocèse d'Embrun
qui avait servi dans l'église Saint-Jean de Malte d'Aix.
« On le dit bon sujet, ayant de la voix et sçachant le
chant », ajoutait le syndic qui avait réussi à le faire
accepter. Mais après quelques jours d'essai, le chapitre
ne le trouvant pas assez habile le refusa. En attendant
d'avoir un autre sujet, M. Calvet, prêtre au service
du capiscol fit l'intérim et entonna au chœur. M. Chauvet qui pouvait être utile, fut retenu ; on voulait en
faire un bailon.

Le 17 mars, le syndic, écrivit à M. Monier, prêtre à
Avignon :

« Je suis chargé comme sindic du chapitre de lui procurer un bon ecclésiastique pour la place de second
choriste qui vaque. On donne 75 livres d'honoraires. On
demande que l'ecclésiastique jouisse d'une bonne santé ;
qu'il ait un peu de figure et une taille propre à porter
chape ; qu'il ait une voix juste et raisonnable, qu'il
sçache bien le chant, s'il se conduit bien dans l'année,
il pourroit à la fin compter sur une gratification d'un,
même de deux louis, il est logé et nourri dans le cloître,
sans compter 12 livres pour les draps de lit et un petit

casuel, ce qui est un objet d'environ 550 livres ; s'il étoit prêtre, il pourroit aisément se procurer un service de 200 livres ; s'il étoit musicien ses émoluments deviendroient plus considérables. »

Monsieur Monier envoya le 9 avril, Louis Raspail, âgé de 25 ans, dans les ordres sacrés, originaire du diocèse de Valence, employé dans la cathédrale de cette ville et dans l'église abbatiale de Saint-Antoine en Dauphiné. Il fut agréé. Il était d'un bon caractère, et remplit ses fonctions d'une manière satisfaisante. Il ne resta que jusqu'au 30 juin parce qu'il avait trouvé une place plus lucrative. Quelques semaines se passèrent lorsqu'enfin se présenta un nouveau sujet.

« Le 24 (octobre) est venu chez moi, dit le syndic, pour être reçu en qualité de second choriste, M. Pierre Bridault, né le 30 mai 1739, de Calais, diocèse de Boulogne-sur-mer, fait prêtre par M. de Montazet, archevêque de Lyon, le 13 juin 1772, sur le démissoire de M. l'évêque de Clermont en datte du 6 juin 1772 ; il est muni d'un certificat du chantre et chanoine et du syndic du chapitre de Montferrand, attestant qu'il a desservi ce chapitre pendant quatre années en qualité de sous-chantre avec exactitude et assiduité à remplir ses devoirs..., il ne s'est retiré que parce que sa santé a paru exiger qu'il suspendit pendant quelque temps ses fonctions. » Le chapitre aurait été bien aise de recevoir ce sujet qu'il avait d'ailleurs demandé, malheureusement il ne s'arrêta pas à Arles, trouvant la rétribution trop faible, et le 31 de ce mois il repartit. Le chapitre lui donna 48 livres. pour frais de voyage et de séjour. Le 6 octobre, l'abbé Thouard, prêtre bénéficier d'Embrun, âgé de 32 ans, offrit ses services. Il trouvait les honoraires bien modiques, mais il chercherait un autre emploi dans la ville en attendant d'être agrégé à la musique de la Métropole. Il croyait avoir les qualités requises et il tâcherait de les

perfectionner. « Je ne suis pas, disait-il, un pied pou-
dreux. »

Il fut admis.

Le 18 février le syndic alla rendre visite avec le chanoine Plauche au prédicateur du carême, le père Vitalis.
grand augustin, qui logeait chez les Cordeliers. Il fut
convenu, d'après l'autorisation de l'archevêque, qu'il ne
prêcherait que trois fois par semaine.

Un enfant de chœur, Joseph Casaquier, fils de défunt
Honoré, berger et de Jeanne Roux, interne depuis le 4
février 1772, n'avait plus de voix depuis un an, il, était
le plus âgé de ses camarades, étant né sur la paroisse
Sainte-Croix, le 9 avril 1760, il était d'ailleurs réclamé
par sa mère. L'abbé Giraud, tout en le remerciant, lui
donna au nom du chapitre un habit de drap et 60
livres.

Il eut pareillement à s'occuper du prédicateur du carême de Saint-Martin de Crau, paroisse qui dépendait du
chapitre. Il avait d'abord songé au père prieur des
Grands Carmes qui devait prêcher en français la passion, le vendredi saint au soir, le dimanche de Pâques,
à l'issue des vêpres, et le surlendemain; et confesser en
patois les jours où il serait sur place, et même le dimanche de Quasimodo si c'était nécessaire. Il avait pensé
également au P. Manganelle, arlésien, à qui le curé
de Saint-Martin tenait beaucoup ; une fâcheuse fluxion
de poitrine l'empêcha d'accepter. Il s'adressa, en dernière ressource au père Figon, lazariste directeur au
Séminaire, qui ne refusa point pour faire plaisir à l'archevêque et à Monsieur Legré, son supérieur. Le 26
mars, l'abbé Giraud apprend le résultat de ses démarches au curé de Saint-Martin. Il lui écrit :

« Monsieur, ma déférence à la prière que vous m'avez
faite dans le temps pour procurer au p. Manganelle la
quinzaine de Pâques en votre paroisse, et son oubli à

vous donner de ses nouvelles, m'a mis dans la plus
grande sollicitude, de manière que je n'ai trouvé personne pour le remplacer, quoique je n'aie rien oublié
pour cela. Heureusement depuis peu de jours nous
avons déterminé M. Figon, directeur du Séminaire à
vouloir bien se charger de cette quinzaine. Vous com-
prenez en même tems tous les égards que mérite son
zèle et sa grande charité pour le salut de vos paroissiens.
Vous m'obligerez en conséquence de vous intéresser
pour lui procurer un bon lit à l'auberge voisine, s'il
n'est pas possible qu'il s'en trouve un dans votre
maison, de le vouloir chez vous pendant le séjour qu'il
y faira, de lui envoyer le mercredi un bon cheval et un
homme pour l'accompagner, ce que je vous prie de faire
de même lorsqu'il retournera ici la 3ᵉ fête de Pâques.
Je me charge de payer l'homme qui fera les 2 voya-
ges. »

Il le prie en même temps de dire des « choses honnêtes » à l'abbé Ganteaume. Le 28 mars le curé Martin,
après avoir remercié le syndic de ce service, répond
qu'il fera au père Figon toutes les petites politesses qui
dépendront de lui. « Il ne me reste plus qu'à scavoir si
M. Figon en venant est dans le dessein de prêcher la
passion le vendredi saint à sept heures du matin et de
donner un sermon le jour de Pâques à l'issue des vêpres. En cas qu'il veuille prêcher il faira bien dans son
temps d'envoyer à Marchéneuf chez Delorme ou chez
Arnoux le voiturier pour se procurer un cheval et un
garçon pour ramener le cheval, ayant soin de partir le
mercredi saint sur les 8 heures du matin pour se trouver ici à Saint-Martin à la dînée ; si au contraire M.
Figon a résolu simplement de dire la messe et confesser pendant ces fêtes, pour lors il suffiroit qu'il vint le
samedy saint et qu'il partit de la ville à l'heure que
nous venons de dire. Je luy aurois envoyé volontiers
mon cheval, ajoute-t-il, mais pendant ma maladie, il [a]

passé par tant de mains qu'on me l'a blessé sur le dos : à présent il faut le laisser guérir. »

Nous ne savons le parti que prit M. Figon, mais il était de retour le 7 avril et le syndic prévoyant allait le remercier au nom du chapitre. Le surlendemain, en sus de ses honoraires fixées à 20 livres, il lui faisoit porter un peu de café et un pain de sucre. Le curé avait hébergé le père, mais la dépense du cheval, à la charge du syndic était montée à 4 livres 10 s. (1).

A propos de cette station de Carême, l'abbé Giraud remarque que les paroissiens de Saint-Martin qui gagnent leurs pâques sont en plus grand nombre qu'on ne pense et que par conséquent un confesseur est plus nécessaire qu'un prédicateur. Il avoue aussi que la difficulté de trouver quelqu'un vient de l'insuffisance des honoraires.

Le syndic donna peu de temps après, la station de Noël dans cette même paroisse au père Besson, trinitaire, avec charge de prêcher deux sermons et confesser pendant le séjour qu'il ferait à Saint-Martin de Crau, à cette occasion.

Les intérêts matériels du chapitre ne le laissaient pas indifférent. Le 28 février il vit Jouve, fermier de Laval, et Sébastien Tardieu, fermier de Galignan. Il s'entretint avec eux de l'état des propriétés. Un autre jour, le 21 mars, il invita Moine, maçon, d'aller à la Trésorière, un dimanche ou jour de fête, comme celui de l'Annonciation, et d'examiner avec le curé les dégradations aux couverts du sanctuaire et de la sacristie de l'église parois-

1. Figon (Louis) né aux Pennes, près Mareille, le 9 février 1745, entra dans la Coegrégation de la Mission, professa la théologie à Arles, puis à Marseille. Ayant refusé le serment, il se retira à Nice. Au Concordat il fut nommé curé d'Aubagne. Il mourut le 9 juillet 1824. Voir pour plus de détails : SIMARD : *Saint-Vincent de Paul et ses œuvres à Marseille.*

siale dont le chapitre était chargé. Le maçon répondit, le 26 mars, que les réparations devaient s'étendre à toute la toiture. Eymin, le fils, fut chargé en conséquence de voir les paroissiens et de s'entendre avec eux pour les faire ensemble à frais communs. C'est encore le syndic qui passait les baux du chapitre. Le 2 mars il donna la fourniture de la cire jaune au maître-autel de Saint-Trophime à M. Pomme dont, entre parenthèses, on ne fut pas content.

Les fêtes de la semaine sainte approchaient. Le chanoine Giraud proposa au chapitre, le 23 mars, le chant selon l'usage, les trois derniers jours, du *Miserere* et du *Benedictus*, à l'office des Ténèbres. Ce qui fut approuvé. Il avertit, en conséquence, le maître de chapelle qui lui annonça que M. de Lincel, fils, avait préparé un *Miserere* de sa composition, avec le concours de plusieurs amateurs. Le syndic en fut tout heureux et surpris et avoua combien le chapitre serait satisfait d'entendre ce morceau. Trois jours après il alla rendre visite à M. de Lincel pour le remercier. Le même compositeur fit exécuter, la même année, dans l'église Saint-Laurent, sa paroisse, un autre motet, à l'époque de l'octave du Saint-Sacrement, à la bénédiction que l'on donnait dans l'église au retour de la procession.

Le service de Saint-Jean du Grès, dépendant de la paroisse de Lansac, qui se faisait du 3 mai au 14 septembre allait commencer. Le 30 mars, le chanoine Giraud écrit à M. Savournin, vicaire à Sainte-Marthe de Tarascon, pour le prier de trouver un prêtre pour la messe des dimanches et fêtes à qui on donnerait 75 livres pour ses honoraires. Le syndic n'était pas sans occupation. Le lendemain, jeudi saint, premier avril, il annonça à l'archevêque qui venait de consacrer les saintes huiles, ainsi qu'aux chanoines, la visite des églises en manteau long dans la soirée. On se réunit à Saint-Trophime à 2 h. 1/2 et l'on se rendit chez les Cordeliers, les Pénitents gris, les Ursulines, enfin à Saint-Lucien et à Sainte Anne. Les curés de ces deux paroisses ne présentèrent pas l'eau bénite aux visiteurs. Le chanoine Giraud après avoir mentionné cette omission note qu'il faut les avertir afin qu'ils ne s'oublient plus à l'avenir.

Le 19 avril était arrivé l'évêque de Glandèves qui était descendu à l'archevêché. Averti de sa venue par le chanoine Pazery, il prévint le chapitre à la réunion du lendemain. Avec trois de ses confrères il se présenta, sans manteau, dans l'après-midi chez le prélat qui leur rendit leur salut sans mot dire. Contrairèment à l'usage qui était pratiqué lorsqu'un évêque venait pour la première fois dans Arles, l'évêque n'aurait pas voulu la visite des délégués du chapitre.

La place de second conventuel était vacante à Saint-Trophime. L'abbé Giraud écrivit, le 8 mai, à l'abbé Latty, qui était aux Martigues, mais originaire d'Arles où vivait sa mère pour la lui proposer ; celui-ci refusa, à cause du mauvais état de sa santé. Le syndic pria alors, le 19 mai suivant, l'abbé Monier (1) d'Avignon, de lui procurer quelqu'un, mais celui-ci ne put arriver à rien de concluant. Un prêtre de Gap qu'il avait en vue ne put venir, retenu par son évêque. En septembre le chapitre n'avait pas encore de second conventuel. Le 14 de ce mois, le syndic présente l'abbé Lamouroux, âgé de 35 ans, comme suit : « Messieurs, dit-il aux chanoines,

1. Le syndic, si peu expansif d'ordinaire, fait montre dans cette lettre de sentiments délicats : « Je vous sçais gré, lui dit-il, de m'apprendre le bon état de votre santé actuelle. Tant que nous serons dans ce bas monde Dieu nous exercera tous par quelque endroit. Votre vertu m'encouragera toujours à souffrir en patience mes infirmités qui ne sont pas cependant de nature à arrêter le cours de mes évolutions ordinaires, Dieu merci. » Il est vrai que l'abbé Monier répondait admirablement à ces attentions : «Ménagez-vous, conservez-vous, c'est la plus forte recommandation que je puisse vous faire, lui mandait-il, le 6 juillet suivant.»

l'on m'a parlé pour la place de second conventuel d'un prêtre dont on m'a fait un rapport très avantageux, il a des mœurs fort douces, il a une taille et une voix raisonnable, il chantera bien une préface et il est en état de bien suivre au chœur ; il est originaire de Vallabrègues ; il a servi l'hôpital de Tarascon, il a été vicaire à Sainte-Marthe, il désire ardemment le poste vacant. Voyez-là dessus de vous décider.» Il fut reçu et n'arriva à Arles que le 14 octobre, retenu à Sase où il était vicaire par des affaires urgentes.

Pendant l'intérim, l'abbé Milhe s'était chargé du travail de son confrère outre le sien. Le chanoine Giraud note aussi que l'abbé Emeric, prêtre au service de l'archiprêtre fit la classe aux enfants de chœur pour lui permettre de trouver un sujet pour cet emploi.

Les Grands Carmes ne voulaient plus assurer le service dominical de Galignan, parce qu'ils n'étaient plus que trois religieux au lieu de quatre. Le syndic frappa à plusieurs portes de communauté. On n'avait que des vieillards. Cependant un supérieur promit quelqu'un qui irait au Mas-Thibert et à Galignan, mais moyennant 500 livres, dont 250 à la charge de l'ordre de Malte (1).

Le chevalier des Porcelets, commandeur de Trinquetaille, dont dépendait le Mas-Thibert, pressenti au sujet de cette affaire, après avoir déploré l'abandon du service par les Carmes, consentit le 21 mai à l'augmentation demandée : « Il ne faut pas, dit-il, dans sa lettre datée de Beaucaire où il résidait, il ne faut pas que les habitants voisins qui y vont entendre la messe en souffrent, et nous taxent que par notre avarice nous sommes cause qu'ils ne peuvent entendre la messe, ce qui les ferait encore plus clabauder s'ils n'en avaient pas ces fêtes de la Pentecôte. »

1. La chapelle du Mas-Thibert, appartenant à l'ordre de Malte, était desservie aux frais du commandeur de Trinquetaille.

Le commandeur n'avait pas tant à s'inquiéter. Dès le 20 mai, le syndic convenait avec le ministre des Trinitaires que le père Boulouvard ou le père Besson se chargerait de ce service pour quelque temps, les religieux prenant à leurs frais le cheval, et le chapitre l'homme pour les conduire. Enfin le 9 juin, il fut arrêté avec les pères Augustins réformés et le père Dau, leur prieur, que le père Rame irait dire la messe, à partir du 13, aux deux endroits désignés moyennant 480 livres de rétribution. Le père Boulouvard fut averti de ne plus se déranger.

Le 1er juin, M. Audibert, bailon, fut nommé chanoine de la Major, en remplacement de M. Blanchet, appelé à la dignité de capiscol. Le syndic lui chercha un successeur. Il songea d'abord à cet abbé Chauvet, dont il est question plus haut. Il était en ce moment à l'abbaye de Saint-Victor de Marseille. Il refusa de venir malgré les offres de dédommagement des frais du voyage. Ce fut un abbé Grosmangin, âgé de 27 ans, sous-diacre, né à Giey-sur-Anjon (Haute-Marne) qui fut agréé. Il était au séminaire Saint-Charles d'Avignon où le Supérieur aurait voulu le garder encore.

Le 2 juin, veille de la Fête-Dieu, mourut à 8 h. 3/4 du soir, le chanoine François de Cays. Le syndic alla prévenir l'Archevêque et lui demanda si on devait faire l'élection de son successeur à ce moment. Sur la réponse affirmative, il fit assembler le chapitre dans la salle capitulaire, l'archevêque s'y trouvait et on fit l'élection. L'abbé Pierre-Trophime de Truchet fut nommé. Le lendemain, les chanoines encore réunis, décidèrent de faire l'enterrement le 4 juin dans la matinée, et de tendre le chœur de l'église en noir. A cause de l'infection du cadavre, la famille aurait voulu avancer les obsèques et les faire la veille au soir. L'abbé de Cays fut enseveli dans la chapelle des Rois, lieu de sépulture des chanoines. Son successeur fut présenté à l'archevêque par le syndic et le trésorier du chapitre.

L'Académie de Marseille avait mis au concours en 1778, la solution de ce problème : « Quels sont les moyens les plus propres à vaincre les obstacles que le Rhône oppose au cabotage entre Arles et Marseille et à empêcher qu'il ne s'en forme pas de nouveaux ? » Jean François de Noble de la Lauzière, auteur d'un *Mémoire* qui remporta un accessit, en offrit un exemplaire aux membres du chapitre d'Arles. Il écrivit en même temps cette lettre au syndic du chapitre :

« A Marseille 4 juin 1779.

 « Monsieur,

 « Le chapitre de la Métropole d'Arles étant composé de citoyens aussi zélés pour le bien de l'état que pour les fonctions de leur ministère, je présume qu'il voudra bien recevoir avec plaisir un ouvrage dans lequel j'ay eu plus à cœur l'intérêt public que la couronne dont l'académie de Marseille a bien voulu m'honorer. Je vous prie d'en présenter un exemplaire à chaquun de vos Messieurs capitulairement assemblés. J'espère qu'après avoir usé d'indulgence pour le succès en faveur de mon zèle, ils foiront des vœux au ciel pour l'exécution d'un projet aussi avantageux pour la ville d'Arles que pour l'état, et seconder mes vues dans cet objet. Je vous prie de les assurer de ma parfaite reconnaissance, et de mon profond respect.

 « J'ay l'honneur d'être

   Monsieur [le sindic du chapitre]
votre très humble et très obéissant serviteur.

« LALAUZIÈRE,
chevalier de Saint-Louis. » (1)

---

1. Bibl. d'Arles. Ms. 121. *Correspondance* [*de l'abbé J.-B. Giraud*] 11.

Le chanoine Giraud fut chargé de lui répondre et de le remercier. Il le fit en ces termes :

« Arles le 9 juin 1779.

« J'ai communiqué à la compagnie la lettre que vous m'avez fait l'honneur de m'écrire et distribué à chacun des Messieurs qui la composent, un exemplaire de votre ouvrage qui mérite à si juste titre la couronne que lui a décerné l'académie de Marseille. Leur applaudissement à votre zèle pour la ville d'Arles et pour l'Etat honorent tout à la fois et vos talens prétieux et vos veues patriotiques. Le chapitre a délibéré de consigner un de ces mémoires dans les archives pour être un monument éternel à nos successeurs, de l'intérêt public qui vous anime et un sûr garant du succès qui en sera toujours inséparable. C'est l'objet des vœux que la Compagnie ne cessera de faire pour l'exécution d'un projet aussi avantageux pour le bien de l'état et de la pátrie.

« Je vous supplie d'en être très assuré et du respect sans borne avec lequel je suis, Monsieur, votre très humble et très obéissant serviteur » (1).

1. L'infatigable chercheur Louis Mège, a reproduit dans un de ses manuscrits, un texte différent de cette lettre, mais sans date. Il m'est impossible de dire celui qui fut envoyé.

Monsieur,

On m'a remis avec votre lettre le pacquet que vous m'avez fait l'honneur de m'adresser, contenant le nombre d'exemplaires de votre ouvrage, que vous avez bien voulu destiner au chapitre de notre sainte église. Je les ai remis de votre part à nos Messieurs et après l'avoir lû avec grand plaisir, je n'ai pu qu'y admirer les idées que vous a suggéré un zèle patriotique d'autant plus capable de mériter les suffrages. . de l'Académie de Marseille, que l'objet intéresse le commerce et conséquemment le bien public et de l'Etat. Nos Messieurs m'ont chargé de vous en témoigner leur vive reconnaissance, et je vous supplie d'être aussi persuadé de celle que j'en ai en mon particulier, que de

Non content de cette démarche, le chapitre délégua le syndic et l'administrateur des grains, Charles de Moreton de Chabrillan, pour aller rendre visite à M. de la Lauzière, quand il viendrait dans Arles.

Le 21 juin, l'archevêque nomma son neveu, l'abbé Jean-Baptiste de Beaupuy à un canonicat de Saint-Trophime, vacant par la démission que venait de lui en faire l'abbé de Truchet. Le nouveau titulaire de ce bénéfice écrivit bientôt après à M. Giraud pour lui dire qu'il viendrait, sous peu, en prendre possession. Il reçut à Mussidan (Dordogne) où il résidait, la lettre suivante, datée du 14 juillet :

« Monsieur, la Compagnie me charge de vous témoigner toute sa satisfaction de vous voir bientôt associé à elle, elle désire vous le prouver par les sentiments d'amitié et d'union qui ont toujours régné entre le corps et les membres qui le composent. Vous ne scauriez douter après cela de son empressement et de son zèle à concourir avec vous à ses vrais intérêts. Celui que j'ai en mon particulier de vous marquer mon estime et de mériter la vôtre, doit vous être un sûr garant du respect avec lequel je suis, Monsieur, etc. »

L'abbé de Beaupuy n'arriva à Arles que le 26 août suivant. Il ne fut installé, dans sa charge, que le surlendemain.

Le 15 septembre le saint viatique fut porté en cérémonie à M. Barbaroux, chanoine. Le 24, il mourut à 10 h. du matin. Le syndic se présenta chez l'archevêque qui lui ordonna de faire assembler le chapitre, après vêpres.

l'attachement inviolable et respectueux avec lequel, j'ai l'honneur d'être,

Monsieur, votre, etc.

Signé : J.-B. Giraud
Chanoine de Saint-Trophime.

Bibl. d'Arles. Ms. 239 ; *Mes dernières recherches*, p. 116.

Les chanoines réunis élurent l'abbé Joseph Plauche, pour nouveau confrère, et décidèrent que le lendemain, après l'office canonial, on ferait l'enterrement du défunt.

Le roi venait d'envoyer une lettre à Mgr du Lau, lui demandant un *Te Deum* en actions de grâces pour la prise de l'île de la Grenade, en Amérique, par nos troupes, sur l'amiral Byron.

Le 22 septembre l'archevêque s'entendit avec le chanoine Giraud et l'administrateur, délégués du chapître, pour l'organisation de cette cérémonie à Saint-Trophime. Le 25, il lui remit quatre exemplaires imprimés du mandement qu'il venait d'écrire et deux placards de l'ordre des exercices, pour être affichés, l'un à la sacristie et l'autre sur la porte de l'église.

Le 30 septembre, il permit à Pierre Brunet, clerc tonsuré, de prendre possession, après la grand'messe, dans la chapelle de Saint-Jean, de la chapellenie de Sainte-Victoire, vacante par la mort de M. Barbaroux.

La fête de saint Trophime qui se célébrait le premier dimanche d'octobre approchait. Trois jours avant cette date, le syndic, sans manteau long mais proprement rangé, se rendit à l'Hôtel de ville pour inviter les consuls à la procession qui se faisait à l'issue de la grand'messe et se rendait à l'hôpital. Il avait eu aussi la précaution de faire pétrir par un boulanger deux cents biscuits préparés soit à l'anis, soit au sucre. Le jour de la fête, il les fit bénir et porter dans le cortège, et arrivé à l'hôpital, après une station à la chapelle, il alla les distribuer aux malades dans leurs salles. Les employés du chapître : musiciens et enfants de chœur, en eurent aussi leur part.

Le 25 octobre, il fit placer dans le chœur de Saint-Trophime, selon l'usage, « les tapisseries, ayant auparavant recommandé au sonneur de prendre garde de ne point déranger les flammes ou boutons des vases du boisage ».

Le 11 novembre, il alla assister à la fête de Saint-Mar-

tin de Crau. Avant de s'y rendre il prit quelques précau-
tions. Il fit acheter un chapeau de laine et y fit poser une
cocarde blanche et rouge, deux mouchoirs de soie rayés
de rouge, il commanda quinze jours à l'avance dix douzaines d'aiguillettes à M. Proal, marchand. Il se munit
de deux bouteilles de vin étranger : une de Malaga, l'autre de Chypre, et cinq autres de vin du pays, de deux
tabatières pleines de tabac. Trois prêtres servants étaient
partis la veille. Le syndic leur recommanda de « faire
politesse » au curé en y arrivant et de s'entendre avec
lui pour les messes, de manière qu'il y en eût une à 6 h.,
une autre à 7 h., une autre à 8 h., la sienne serait dite
vers les 9 h., puis à 10 h. la grand'messe serait chantée
par un chanoine. Il se fit aussi porter une livre et demie
de café brûlé et deux livres de sucre dans deux pots
différents. Il convint avec l'aubergiste qu'il lui donnerait
cinquante sols par tête pour les trois prêtres servants,
et un petit écu par tête pour tous ceux qui seraient du
dîner. Il partit enfin. Il était en y allant en habit de campagne avec une redingote pardessus. Il se munit pour le
café de 23 petites cueillères d'argent et cinq de composition, de quatre cafetières dont deux pour y faire la
précieuse liqueur et deux pour la servir au clair. Il vit
en arrivant le curé et l'invita au dîner, ainsi que les marguilliers, puis tous les honnêtes gens qui se présentèrent. Il appela ensuite le baile, l'invita à dîner, se réser-
va de donner les aiguillettes, sauf le chapeau pour la
course des hommes, le fichu pour le saut et un autre
fichu pour la course des filles. Il fit placer ces présents
à la fenêtre de sa chambre, remit au même individu le
bâton de commandement qu'il àvait pendant la fête
locale. Il donna trois aiguillettes à un garçon qui tenait
le bâton sur lequel étaient les prix lors des jeux. Il y eut
trois aiguillettes pour le premier enfant qui gagna à la
course et une pour les deux autres qui concoururent
avec lui. Au repas, lorsqu'on fut au dessert, le syndic

donna deux aiguillettes à chacun des convives. On 'partit après la course des chevaux pour rentrer à Arles. Le chapitre ne prenait aucune part au jeu de bouc ou à la lutte entre les hommes.

Les cavaliers de la maréchaussée se trouvèrent à la fête pour prévenir tout désordre.

Le 22 novembre, il alla rendre visite au père Besson, trinitaire, pour lui rappeler qu'il avait promis de se charger de la station de Noël à Saint-Martin de Crau, d'y prêcher et d'y confesser en patois pour.être mieux entendu des paroissiens.

Le 28 novembre, accompagné de l'administrateur des grains, il alla chez le prédicateur de l'Avent à Saint-Trophime, qui était le chanoine Roux Pépin, théologal du chapitre d'Apt, lui demanda de prêcher le jeudi et le dimanche et lui permit de porter l'aumusse en chaire.

Le 14 décembre il rendit compte au chapitre de sa gestion. Le chanoine de Truchet fut nommé à sa place.

Le 31 décembre mourut le chanoine Manuel. Le syndic réunit les membres du chapitre à la sacristie après vêpres pour leur dire que l'élection du nouveau chanoine se ferait à cinq heures et régler pour le lendemain l'heure de l'office des morts et celle de l'enterrement.

Voici comment il relate la fin de son mandat de syndic :

« Le 15 mars 1780, les comptes de mon sindicat 1779 ont été entendus chez moi à 2 heures après midi. Je priai l'abbé de Truchet de m'envoyer le livre des quittances des curés et servants qu'il avait en main et de se rendre à la maison sur les quatre heures et demie pour recevoir le reliquat de mon compte dont il me fit quittance. Le tout fut fini vers les cinq heures, puis je fis porter chez lui les baux et les livres du chapitre, au moyen de ce tout se termina (1). »

L'année 1779 avait été bien remplie par l'abbé Giraud. Il ne se reposa pas néanmoins. En 1780 et 1781 nous le trouvons recteur de l'hôpital des malades. Chaque semaine il était très régulier à assister aux séances que tenaient les administrateurs et prenait sa part des soucis communs. Le registre des délibérations de cette époque porte à plusieurs reprises la trace de son intervention. C'est ainsi que le 15 avril 1780 il prie les recteurs de vouloir bien accepter la démission comme curé de l'Hôtel-Dieu des RR. PP. Archange et Justinien, récollets, à cause de leur mauvais état de santé et de vouloir bien agréer, à leur place, M. Barbier, prêtre d'Arles.

Un second prêtre ne fut adjoint à ce dernier que beaucoup plus tard. En effet, Raymond Boissier, prêtre d'Avignon ne fut proposé que le mardi, 8 juillet 1780 et n'arriva que le lundi suivant à Arles.

A la séance extraordinaire du 24 novembre 1780, il annonça aux recteurs la mort de Pierrette Sauvat, arrivée à 4 heures du matin, laissant ses biens à l'hôpital. De concert avec MM. de Nicolay et Artaud il s'occupa des funérailles qui eurent lieu le lendemain. Les serviteurs de la maison en habit noir, les deux aumôniers précédaient le corps de la défunte portant un flambeau avec écusson aux armes de l'hôpital, deux recteurs, MM. de Lincel et Fabre, munis d'un cierge, étaient de chaque côté de la dépouille mortelle ; comme il n'y avait aucun parent, le lieutenant-général Artaud menait le deuil, ayant à sa gauche le chanoine Giraud, ensuite venaient MM. Artaud, archiviste, et Chapus, trésorier ; tous ces Messieurs assistèrent à la messe et se retirèrent aussitôt après.

1. Bibl. d'Arles. Ms. 113 : « *Syndicat du chapitre de la sainte église d'Arles* ».

Le 23 octobre 1781, à la mort de Thérèse Dastre, veuve Jean Quinson, donnant son héritage à l'Hôtel-Dieu, il s'occupa de cette succession avec deux de ses collègues.

Le chanoine de Truchet le remplaça en 1782 (1). Selon son habitude l'abbé Giraud, avait profité de ses fréquentes apparitions dans la maison pour recueillir nombre de notes sur les fondations, testament et chapellenies de cet établissement. On peut les voir dans le manuscrit 288 de la bibliothèque d'Arles, intitulé : « Hospices civils d'Arles », provenant de la collection Louis Mège.

Plusieurs petits faits concernant l'histoire religieuse d'Arles, en 1780, ont été sauvés de l'oubli par notre chanoine :

« Le 2 mars 1780 se tint à l'archevêché, l'assemblée provinciale pour la députation à l'assemblée générale du clergé de France. Y assistèrent les évêques de Marseille, Toulon, Saint-Paul-Trois-Châteaux. MM. de Brie, archiprêtre et d'Icard, théologal, furent députés du chapitre pour assister au bureau ecclésiastique. »

« Le 24 septembre, jour de dimanche, nous fîmes l'office du bienheureux Louis Allemand sous le rite double. Il tombait en ce jour l'office de Notre-Dame de la Merci qui fut renvoyé quoique double majeur. »

« L'ancienne chaire de l'église a été démolie le 2 octobre 1780. Il conste par l'inscription qui était au bas qu'elle avait été construite en 1440 (hoc præedicatorium fuit factum anno Domini millesimo quadringentesimo quadragesimo) ; au milieu de l'inscription étoient les armoiries de la ville (un lion). Ce qui fait présumer que la communauté avait fait construire cette chaire. La

1. Arch. hospit. d'Arles. II E 30. *Délibérations*.

nouvelle chaire de marbre a été mise en place dans le susd. mois d'octobre 1780 (1). »

A cette époque se rattache le souvenir d'une bonne œuvre que la Révolution empêcha, mais qui demeure à l'honneur du chanoine Giraud. Le 14 octobre 1782, il remit à M. Yrezap (anagramme de Pazery) une note ainsi conçue :

« Je place la somme de 2.000 livres à raison de 5 % sur le clergé de France pour jouir pendant ma vie de la rente annuelle de 100 livres, laquelle rente sera payée savoir, à chaque 15 septembre, dont le premier paye-ment me sera fait le 15 septembre de l'année prochaine, 1783, et ainsi continué successivement d'année en an-née au même terme, jusqu'à ma fin, et à ma fin je veux que ladite rente de 100 livres soit continuée annuelle-ment et à perpétuité à titre de fondation et au même terme que cy dessus, 15 septembre, en faveur d'un ou de deux ecclésiastiques de la ville d'Arles en provence ou du diocèse de la dite ville, dont pour le choix d'un ou de deux ecclésiastiques je laisse la libre disposition à la prudence de Monsieur l'Archevêque dudit Arles, vou-lant toutefois que l'ecclésiastique ou les ecclésiastiques dudit Arles ayent toujours la préférence sur l'ecclésias-tique ou les deux ecclésiastiques du diocèse de ladite ville d'Arles pour lui ou leur servir de pension alimen-taire pendant le temps qu'il ou qu'ils étudieront au sémi-naire de ladite ville d'Arles (2). »

Le frère de l'abbé était pareillement utilisé et employé au bon gouvernement des hospices d'Arles. Déjà admi-nistrateur de la Charité, l'archevêque aurait voulu l'atta-

1. Bibl. d'Arles. Ms. 112 : *Notes particulières sur l'église d'Arles*.

2. Id. Ms. 119 : *Notes historiques sur la Révolution*.

cher à l'œuvre de la Providence. Il lui écrivit de Paris,
le 18 février 1783, la lettre autographe suivante :

« Nous avons perdu, Monsieur, l'un des recteurs de
la Providence, le pauvre Monsieur Bœuf [dit la Menotte,
âgé de 90 ans]. Plus les intérêts de cette maison me sont
chers, plus désirois-je avec ardeur que vous voulussiez
bien le remplacer. Monsieur l'abbé d'Icard sçait depuis
longtems que cette marque de complaisance de votre
part me tient infiniment au cœur et pour le bien de
l'œuvre et pour ma satisfaction personnelle. Témoin
chaque année des services que vous ne cessez de rendre
aux différentes administrations dont vous êtes membre,
mon empressement est plus grand que jamais et ne
sçauroit être égalé que par le sincère et inviolable attachement avec lequel j'ai l'honnenr d'être, Monsieur,
« Votre très humble et très obéissant serviteur.
                    « † J. M. arch. d'Arles.
« Mille tendres complimens à monsieur votre frère » (1).

Malheureusement Jean-Pierre Giraud, déjà malade,
trop occupé d'autre part, ne put condescendre aux vues
de son archevêque, et on choisit un autre recteur :
Monsieur Chabran.

Il y avait à cette époque, à Arles, une famille Roullet,
bien considérée dans le pays, composée de cinq enfants
dont trois garçons et deux filles, un des garçons et une
des filles étaient mariés, le plus jeune des garçons
n'avait que cinq ans. Le père, meunier de profession,
se nommait Guillaume et la mère Marie Comte. L'aîné,
né au Pont-Saint-Esprit, le 25 février 1763, montrait de
sérieuses dispositions pour l'état ecclésiastique ; il était
modeste et de bonnes mœurs. Il désirait prendre le
petit collet, nous dit l'abbé Giraud non par fainéantise,

1. Biblioth. d'Arles. Ms. 143. Lettres autographes de Jean-
Marie Du Lau, archevêque d'Arles.

ou pour ne pas travailler avec son père, mais uniquement pour servir l'église et faire son salut. Aussi s'intéressa-t-il à ce jeune homme et aurait-il voulu qu'on lui donnât un emploi dans le chapitre. Il écrivit à l'archevêque, à l'hôtel Chatillon, près Saint-Sulpice, à Paris le 8 juillet 1785 :

« Monseigneur,

« Un jeune homme d'une famille honnête, capable d'un choix, il est âgé de 22 ans, ayant le corps bien constitué et d'une physionomie avantageuse, plein de sagesse et de bonne volonté, nommé Roullet désireroit entrer dans l'état ecclésiastique ; sa vocation est soutenue environ depuis six ans par la fréquentation des sacrements et la prière, qu'il ne cesse de faire pour demander au Seigneur qu'il lui manifeste toujours plus et à la personne qui le dirige dans les exercices de la religion, si c'est bien là sa volonté qu'il se sanctifie dans l'état où il se sent appelé. Il cultive avec soin son goût pour l'étude qu'un ordre de providence avait à la vérité un peu dérangé contre son inclination ordinaire, mais qu'il a reprise avec ardeur depuis que ses parens ont donné les mains pour satisfaire son jeune dessein. D'après de si heureuses dépositions, j'ose, Monseigneur, vous demander pour lui la permission qu'il prenne l'habit ecclésiastique, après telle épreuve à quoi vous pourrès le soumettre, et comme les facultés de ses père et mère ne lui permettroient pas d'abord de se procurer toute l'aisance nécessaire d'ici au tems où vous pourries l'avancer, s'il s'en rend digne, on a pensé au cas que si vous daignez l'agréer, de l'admettre dans le chœur de votre église en qualité de clerc de M. l'abbé de Brie, il sait un peu de plein-chant, il a une bonne voix raisonnable et une taille telle qu'il la faut pour nos chapes lors des processions des offices pontificaux. Peut-être qu'en différant davantage de lui accorder cette faveur, il y auroit à craindre du côté de la faiblesse humaine et de celui des malheureux exemples qu'on a que trop continuellement devant soi ; il y a infiniment plus à espérer de l'encouragement que vous donnerez à ses bonnes intentions. Je soumets, au surplus, Monseigneur, à votre juste discernement et à toutes les bontés dont vous m'honorés, la décision que vous jugerez convenable de porter sur l'exposé du susdit projet du jeune homme à qui je ne prends toutefois d'intérêt que celui que m'inspire mon peu de zèle pour le bien de l'église et le salut du sieur Roullet, dont il s'agit, la reconnaissance pour vos bienfaits qu'il s'attachera toujours plus à mériter, ne sauroit finir qu'avec sa vie. Pour moi, je me borne à recommander tout à Dieu, dont j'ai lieu de me promettre le succès le plus conforme à sa plus grande gloire. J'ai l'honneur d'être avec un profond respect, Monseigneur, de votre grandeur, le très humble et très obéissant serviteur.

« GIRAUD, chanoine.

L'abbé Giraud n'obtint pas satisfaction pour son protégé. L'archevêque répondit de Paris, le 15 juillet :

« Rien, Monsieur, ne seroit plus conforme au vœu de mon cœur que de faire quelque chose qui vous fut agréable, connaissant votre amour pour le bien. Je vous prie de décider s'il conviendroit qu'un jeune homme non encore tonsuré fut clerc de M. l'archiprêtre, porta la croix aux processions et fit même fonction de sousdiacre à la métropole en l'absence de ses camarades. On avoit profité de mon absence pour introduire cet abus à Saint-Trophime, à mon retour j'en témoignai ma surprise et ma peine et je pris la ferme résolution de ne point admettre des personnes laïques pour ces sortes de places.

« Au reste, je consens à faire à votre protégé le même traitement qu'il avoit reçu de M. l'abbé de Brie s'il continue à marquer de la vocation comme il y a lieu de l'espérer. D'après le bien que vous me dites, je lui donnerai avec plaisir les saintes livrées de notre état et je contribuerai volontiers à son éducation, doublement charmé de pouvoir vous plaire et de procurer un sujet de plus à mon diocèse. Vous connaissez la sincérité du tendre et véritable attachement avec lequel j'ai l'honneur d'être,

« Monsieur,
« Votre très humble et très obéissant serviteur.

« ☦ JEAN-MARIE, arch. d'Arles. »

En 1787, ce jeune homme se trouvait chez M. Salin, maître d'école où il traduisait *Cornelius Nepos* et *Virgile*. Messieurs Deroc, directeur du séminaire, et Rouey, ecclésiastique de 18 ans, lui donnaient les premiers éléments de philosophie, le père Moreau, dominicain, lui apprenait le latin. Le chanoine Giraud étudiait de plus en plus cette vocation naissante, et comme son protégé était pauvre (1), il l'aidait de sa bourse et lui fi accorder 12 livres par mois par Mgr du Lau, pendant le temps du séminaire où il ne tarda pas de rentrer pour y recevoir la tonsure. L'époque des vacances laissait le jeune homme entièrement à la charge du prêtre. Il demanda à son archevêque la continuation de ses bienfaits. Il lui écrivit, le 24 mai 1790 :

« Monseigneur,
« L'intérêt que je prends à l'avancement de M. Roullet, et que vos bontés pour lui font bientôt promouvoir aux quatre mineurs, me font espérer que vous voudrez bien lui continuer la même faveur des 12 livres par mois pour son entretien, depuis la sortie jusqu'à la

1. Une note du 4 juillet 1787, de l'abbé Giraud dit que le sieur Roullet manque de tout, n'ayant qu'une soutane d'hiver et une d'été. Il a besoin de chemises, bas, culottes, chapeau mou noir, boucles, vestes pour l'hiver et l'été, en un mot d'un peu de tout.

rentrée de son séminaire. Il en est digne, j'ose le penser, par son application à l'étude et par sa piété fervente. A quoi vous me passerez d'y ajouter l'état de détresse où il se trouve par les tristes circonstances du temps qui m'engage particulièrement à vous en faire la prière la plus instante, j'ai lieu de me flatter que vous aurez toujours agréable mon zèle pour ce sage ecclésiastique qui a bien besoin d'encouragement pour l'avenir.

« J'ai l'honneur d'être, avec un profond respect, Monseigneur de votre Grandeur, le très humble et très obéissant serviteur. »

Malheureusement la Révolution venait de dépouiller l'archevêque de tous ses biens, et il ne put donner entière satisfaction à l'abbé Giraud sur ce qu'il lui demandait. Il lui répondit de Paris, le 3 juin 1790 :

« Vous connaissés, Monsieur, toute l'étendue de l'estime et de l'amitié que vous m'avés justement inspiré, je révère vos vertus et je chéris tendrement votre personne, ainsi vous ne devez pas douter du plaisir que j'aurai toujours à obliger M. l'abbé Roullet, bien fait d'ailleurs pour intéresser par lui-même, mais la Révolution qui vient de s'opérer me prive de tous mes revenus et ne me laisse la perspective que d'un traittement incertain, je n'ai d'ailleurs aucun fonds en réserve. Vous sentés en conséquence qu'avec la meilleure volonté du monde j'ai été dans la triste nécessité de discontinuer les œuvres dont je m'étois chargé. Tout ce que je peux faire à votre recommandation est de payer encore à cet ecclésiastique douze livres par mois jusqu'au 1er janvier prochain. Permettés-moi de vous faire observer qu'étant dans des dispositions favorables pour M. Roullet, et les événemens du jour ne permettant pas de compter à l'avenir sur les fonds consacrés à l'éducation gratuite de la jeunesse, il seroit digne de vous qui avés des biens propres et personnels d'assurer à ce bon sujet

une pension qui le mit à même de parvenir à la prêtrise
et d'être employé dans le ministère. Vous pouriés sti-
puler dans l'acte que la pension finiroit aussitôt qu'il
seroit pourvu d'une cure ou autre bénéfice équivalent
et au moyen de cette clause l'intention que vous avez
de donner aux pauvres les effets qui sont entre vos
mains ne seroit point frustrée, mais je crois que la pas-
sation de l'acte en question est instante dans les circonstances où nous sommes. On ne sauroit ajouter à l'inviolable et respectueux attachement avec lequel je suis,
Monsieur, votre très humble et très obéissant serviteur.

« JEAN-MARIE, Arch. d'Arles. »

Monsieur Giraud, sensible au contenu de cette lettre
ne put s'empêcher d'en exprimer à l'auteur toute sa
sympathie et toute sa reconnaissance. Il lui écrivit :

« Monseigneur,

« Je suis infiniment touché de la facheuse situation où vous met la Révolution qui vient de s'opérer.
Quelque soit l'événement qui peut en résulter, j'adore
à mon particulier la divine providence qui permet tout
pour sa gloire et notre sanctification. Je vous supplie
d'être très persuadé combien je suis également sensible
aux marques d'estime et de bienveillance dont vous
m'honorez au sujet de l'abbé Roullet qui ne peut dans
le moment que vous donner auprès de Dieu des témoignages de sa plus juste reconnaissance, en lui offrant ses
vœux les plus ardents pour la conservation de vos
jours prétieux. Je m'occupe bien sérieusement de lui
assurer un sort qui lui donne des ressources certaines
pour l'avenir. Je vous remercie beaucoup de m'en avoir
tracé le plan le plus heureux.

« J'ai l'honneur d'être avec un dévouement respectueux, Monseigneur, de votre Grandeur le très humble
et très obéissant serviteur,

« GIRAUD, chanoine.

« Arles le 16 juin 1790.

« A Mgr l'archevêque d'Arles, à l'hôtel de Chatillon, rue du petit Bourbon, faubourg Saint-Germain, n° 9, à Paris (1). »

La Révolution trouva l'abbé Roullet, alors minoré, au séminaire d'Aix, le chanoine Giraud ne le perdit pas de vue, et l'exhorta à persévérer dans ses bons desseins, malgré les défections. Il lui écrit le 4 mars 1791 :

« Monsieur, j'apprends par le retour de Monsieur votre frère que nombre d'ecclésiastiques se sont retirés du séminaire où vous recevez votre éducation. Tant que les mêmes supérieurs et directeurs qui vous ont instruits et édifiés jusqu'ici continueront, je vous conseille de ne pas vous en séparer, mais de vous retirer sur le champ au cas que des assermentés les remplacent, il y a tout lieu de croire que vous saurés bientôt à quoi vous en tenir la dessus. Ne parlés point je vous prie, de quitter votre saint état, la providence pourvoira à tout, et je ne vous oublie pas. Si vous êtes forcé de venir bientôt, dans votre maison paternelle, j'espère qu'on vous tiendra compte du prorata des 64 livres que je vous envoie pour deux mois du second quartier de votre séminaire, si lesdites 64 livres ne sont pas entièrement employées. Je ne sçais point précisément le jour ou a commencé ce second quartier. Vous me le marquerés en m'accusant la réception des 64 livres. Vous n'êtes pas au reste dans le cas du serment, n'étant point fonctionnaire public. Si vous le faisiés après tout, nous nous brouillerions pour le reste de la vie. Vous m'obligerés de me procurer les ouvrages que je vous ai demandés, ne vous inquiétés pas si vous ne le pouvés. Priés le bon Dieu pour moi.

1. Bibl. d'Arles. Ms. 143 : *Lettres autographes de Iean-Marie du Lau, archevêque d'Arles.*

« Je suis avec une parfaite considération, Monsieur,
votre, etc. (1). »

Au printemps 1792, le jeune Roullet se disposait à
recevoir les ordre sacrés, et le chanoine Giraud lui cons-
titua dans ce but, le 8 mars de cette année, un petit patrimoine se montant à 100 livres de rente annuelle qui
devait lui être réglée en deux payements égaux à partir
du jour où il serait ordonné sous-diacre. Nous ignorons
si, dans ces temps troublés, la vocation ecclésiastique de
ce jeune homme réussit mais son protecteur ne l'abandonna pas et songea à lui dans ses dernières dispositions.

Le zèle qu'avait montré le chanoine Giraud à s'acquitter de ses devoirs de syndic, le porta à recueillir, après sa
gestion, quantité de notes relatives au chapitre, et dont
voici quelques-unes :

« Le 30 mars 1785 le chapitre vu la difficulté de se
procurer un organiste si M. Vallière venoit à manquer,
ainsi que pour le suppléer en tel office ou ses infirmités
ne lui permettent pas de toucher l'orgue, le chapitre,
dis-je, a délibéré verbalement de retenir le nommé Mège,
qui touche de l'orgue, ancien enfant de chœur, sorti de
la maîtrise en la présente année 1785, et de lui faire un
sort. Arrêté en conséquence de lui donner jusqu'à la
mort de M. Vallière, une place à la table capitulaire qui·
est un objet de dépense évalué à 250 livres. M. Mège est
d'Arles ; son père mort depuis un ou deux ans ; sa mère
lavandière ; il a une sœur qui est domestique dans Arles
et un frère qui est berger. Il est en état d'accompagner
sur l'orgue les musiques ordinaires (2). »

1. Bibl. d'Arles. Ms. 119 : *Notes historiques sur la Révolution*,
nº 16.

2. Bibl. d'Arles. Ms. 113 : « *Syndicat du chapitre de la sainte
Eglise d'Arles.*

« Le 20 août 1785, le père Boulouvard, ministre des PP. Mathurins, accompagné des PP. Besson et Serrier du même ordre, tous les trois en manteau long, sont venus après la grand'messe, dans la sacristie, demander à la compagnie la permission que leur communauté vint avec leurs esclaves faire station après demain dans notre église, demandant l'heure où ils pouvaient faire cette station. Le président de la compagnie leur a répondu qu'ils pouvoient venir à l'issue de nos vêpres du lundi 22, à 2 h. 1/2. La compagnie a délibéré que les PP. Mathurins entrant dans notre église pour la station, leur croix resteroit à la porte ou qu'ils n'entreroient point avec leur croix arborée, que la bénédiction du St-Sacrement seroit donnée par le chanoine en semaine, et que le syndic donneroit en aumône aux bassins des esclaves lorsqu'ils entreroient dans notre église à la grand porte, la somme de 48 livres (MM. les consuls ont donné comme nous 2 louis). Il y avait à la procession environ 140 esclaves (1). »

« Le 23 septembre 1788, M. Michel Consché, laïc a été reçu en qualité de maître de chapelle, il est de Clermont, en Auvergne, où il a été enfant de chœur, et puis maître de chapelle, de là par les bons certificats qu'il a produits, il a été maître de chapelle à Viviers et à Rhodès, il a environ 43 ans, excellent joueur de serpent. Fort honnête et de bonne société. C'est là son début chez nous. Il a été congédié le 31 octobre 1789 (2). »

« Le 11 novembre 1787, il y a eu l'enterrement de M. Artaud, bénéficier sur les 10 heures du matin. Le chapitre a assisté à cet enterrement. Il a été à la maison par la porte du cloître. Les massiers et la musique de

1. Bibl. d'Arles. Ms. 112 : *Notes particulières sur l'église d'Arles*.

2. Bibl. d'Arles. Ms. 113, déjà cité.

l'église s'y sont trouvés. Les bénéficiers seuls ont fait l'office. »

« Le 14 oct. 1789, M. Laurent, médecin de la maison capitulaire, mourut. M. l'abbé d'Icard sindic chez M. le curé de Sainte-Anne pour se concerter avec lui sur l'enterrement de cet homme respectable qui emportait avec lui les regrets de toute la ville et des pauvres en particulier. » Le chapitre ne fit pas l'enterrement, le curé de Sainte-Anne s'y étant opposé et le chapitre ayant cédé pour ne pas faire du bruit. La grand'messe de mort (du chapitre) pour M. Laurent eut lieu le 20 dudit mois. Les parents s'excusèrent de ne pouvoir venir. On avait sonné les glas la veille et le jour même (1).

Une mort qui fut cruelle au cœur de l'abbé Giraud fut celle de son frère. Depuis quelque temps déjà la santé de ce dernier laissait à désirer. Il avait de la peine à s'acquitter de ses fonctions d'archiviste à la Charité. Déjà à Pâques, en 1786, il avait essayé de remettre sa charge à un autre. Il n'y put parvenir. Ses collègues le prièrent, le 18 avril « de vouloir bien continuer les pénibles fonctions dont il s'acquitte avec zèle et intelligence qui lui méritaient la reconnaissance de la maison », et il n'osa refuser. Le mal dont il était atteint ne lui permit pas de tenir parole. Il endura les douleurs les plus vives occasionnées par un mal que l'abbé Giraud appelle : « hydropisie tympanite ». Il souffrit avec beaucoup de résignation. Dès le 17 juillet voyant sa fin prochaine, il prit ses dernières dispositions. Il laissa par testament (not. Chapus) 50.000 livres à la Charité qu'il avait toujours fidèlement servie, 20.000 livres aux pauvres des paroisses de la ville (la Major, Saint-Laurent, Sainte-Croix, Saint-Martin, Saint-Julien), non compris un legs de 600 livres au curé de sa paroisse (Saint-Julien). Il

1. Bibl. d'Arles. Ms. 112 : *Notes particulières sur l'église d'Arles.*

donna également 1.000 livres aux *Pauvres honteux*, 300 livres au *Prêt charitable*, et même somme au *Mont-de-Piété*. Ces legs ne furent payés qu'après la mort du chanoine Giraud, l'héritier universel. On trouve aux archives hospitalières d'Arles, à la date du 3 fructidor, an X (21 août 1802) la quittance de tous ces dons.

Après six mois d'affreuses souffrances Jean-Pierre Giraud rendit l'âme le 12 août 1786. On lui fit de solennelles funérailles. Il fut enterré au cimetière inauguré depuis peu, comme il l'avait demandé dans son testament : « Je veux, y est-il dit, que lorsqu'il aura plu à Dieu de me retirer de ce monde, mon corps soit mis dans une caisse pour y être ainsy transporté dans le cimetière commun et que mes funérailles soient faites le plus simplement possible ».

Les recteurs de la Charité assistèrent à son enterrement et firent célébrer dans la chapelle de la maison un service pour le repos de son âme. Deux de ces Messieurs vinrent présenter leurs condoléances à l'abbé Giraud.

Dès que l'archevêque apprit cette douloureuse nouvelle il écrivit de Paris, à son frère, le 21 août 1786 :

« On ne peut être Monsieur, plus touché que je le suis de la perte que vous venez de faire, indépendamment des sentimens personnels que j'ai toujours fait profession d'avoir pour les deux frères, la mort de M. du Pin laisse un vuide immense dans les œuvres dont il étoit chargé, et éternellement je me rappellerai les services qu'il n'a cessé de leur rendre ainsy que les grands exemples de vertus que nous lui devons, et qui dans cette triste circonstance sont votre unique consolation. Vous connoissés, Monsieur, les sentimens inviolables d'estime et d'attachement avec lesquels j'ai l'honneur d'être,

« Votre très humble et très obéissant serviteur.

« † JEAN-MARIE, arch. d'Arles. »
(De la main d'un secrétaire).

« C'est de tout mon cœur que je partage Monsieur, votre juste douleur; pardon de m'être servi d'une main étrangère mais je suis accablé d'occupations. »
(De sa propre main).

L'abbé se hâta de faire célébrer le saint sacrifice pour le repos de l'âme de son frère. En offrant 200 messes à un de ses amis, il lui dit le 14 août 1786 : « Ce triste événement m'afflige à l'excès, Dieu seul me soutiendra et me consolera parce que je mets en lui ma confiance. Ainsi priés bien le Seigneur pour lui et surtout donnés-lui une place dans le *Memento* de la Messe tous les jours de votre vie, et ne m'oubliés pas moi-même, je vous le demande en grâce pour que le coup qui m'atterre d'une part, serve à ma sanctification » (1).

Ce prêtre ne devait être autre que l'abbé Monier, son fidèle correspondant d'Avignon qui avait « une envie démesurée de venir le voir et de l'embrasser encore une fois dans le tems avant de passer à l'éternité ». Comme toujours il est question entre eux d'achat de livres : *Lettres de M. Boudon, Instruction pastorale de Mgr de Langres*. Dans la lettre du 9 août 1787, où nous lisons ce qui précède, se voient encore ces quelques lignes intéressantes :

« Je vous donnerai pour nouvelle, si vous ne le savés pas, que les Célestins vont être rétablis. Il est arrivé un commissaire envoyé du pape et du roy de France avec plein pouvoir pour mettre le bon ordre et rétablir ce monastère et recevoir des novices *gratis* autant qu'il s'en présentera et suivant les ressources. On prétend qu'ils cèdent au roy les péages dont ils sont nantis. Le commissaire a plein pouvoir et du pape et du roy. Il dina l'autre jour chez Mgr le vice légat avec le prieur

---

1. Bibl. d'Arles. Ms. 143 : *Lettres autographes de Jean-Marie Du Lau, archevêque d'Arles.*

d'icy et celui de Gentilly, de sorte qu'on va commencer à rétablir cet ordre et à recevoir des novices. Ils renaissent quand ils croyaient de mourir. Je ne sais s'ils vivront de la même manière qu'ils ont vécu depuis la peste ou si on y établira la règle selon son institution. Voilà une nouvelle que vous pourrès communiquer à M. Pazery votre grand vicaire à qui je prends la liberté d'offrir mes respects les plus profonds ».

L'abbé Giraud, héritier du mas de Peint, près du Sambuc, appartenant autrefois à son frère, l'affermait, le 2 juin 1787, à Pierre et Etienne Autheman, père et fils qui le géraient déjà. Il le donnait à cultiver pendant six ans moyennant la moitié de la récolte des grains et 3100 livres pour les herbages. Il se réservait pour souquets, 6 paires de poulets et 6 paires de pigeons, en été, dix douzaines d'œufs à Pâques, 6 douzaines de fromages, en mai ou en juin, et 6 poulardes à Noël. (Not. Chapus).

L'abbé aimait la lecture. Il n'était pas rare quand il ne pouvait avoir un ouvrage récent qu'il ne se le fit prêter. Le 2 juin 1788, il note que son cousin Maureau, lui a offert à lire: *Les Remontrances du Clergé de France*, pour un jour seulement. Il profita de ce peu de temps pour prendre une copie en abrégé de cet écrit. Il pouvait se passer ses goûts intellectuels et faire emplette de livres. Il jouissait depuis la mort de son frère d'un revenu de 7 à 8000 livres, dont il avait pourtant à ménager le capital, destiné aux pauvres après sa mort.

VI

Le chanoine Giraud pendant la Révolution
(1789-1798)

La révolution ne le surprend pas trop. — Ses premiers sacrifices d'argent. — L'adresse du chapitre a l'assemblée nationale pour la conservation du siège archiépiscopal d'Arles. — Il correspond avec l'abbé Roubaud, curé de Lanson. — La protestation contre la suppression du chapitre. — Correspondance avec Mgr du Lau. — La fondation Alivon en faveur de l'œuvre de Saint-Genest. — Les intérêts du chanoine menacés. — Son traitement. — Ses dons. — Nombreux sacrifices qu'on lui demande. — Il se procure des brochures d'actualité. — Une note sur la démission des évêques. — Nouvelle correspondance avec Mgr du Lau. — Déclaration du 7 mai 1792. — Il prête le serment du 14 aout 1792. — Les dénonciations. — Il est abonné au « Mercure » et au « Journal des débats ». — Les inscriptions des cloches de Saint-Trophime. — Sa déclaration du 9 juin 1793. — Il n'émigre pas et prête le serment de soumission aux lois de la République et celui prescrit par la loi du 11 vendémiaire an IV. — Quelques prêtres refusent de le prêter et s'exilent. — Il est nommé grand vicaire avec plusieurs confrères. — Ils ordonnent des prières pour la sérénité du temps. — L'abbé Tourniaire, administrateur, est

REMERCIÉ. — RÈGLEMENT GÉNÉRAL. — QUELQUES NOMINA-
TIONS DE PRÊTRES. — REPROCHES DE MGR DE BELLOY. — IL
REFUSE LE SERMENT DE HAINE A LA ROYAUTÉ. — IL CESSE
MOMENTANÉMENT SES FONCTIONS DE GRAND VICAIRE. — IL
DEMANDE CONFIRMATION DE SES POUVOIRS. — IL MEURT SUBI-
TEMENT. — SES PAPIERS COMPARÉS A CEUX DE L'ABBÉ
BONNEMANT. — CONCLUSION.

La Révolution approchait ; elle ne surprit pas trop
l'abbé Giraud, prêtre pieux, zélé même et préparé quelque peu au mouvement qui allait se produire par ses
nombreuses lectures. Il ne faillit pas à son devoir, malgré quelques hésitations bien compréhensibles et bien
excusables. Mais jamais il ne fut un combattif. Il n'en
avait pas le tempérament ; et c'est peut-être ce qui lui
permit de traverser sans trop de difficultés cette dernière période de sa vie.

Pour se conformer au décret de l'Assemblée nationale
du 6 octobre 1789, il donna 1500 livres qui étaient le
quart présumé de son revenu.

L'année suivante, il déclara ne posséder que son
canonicat comme bénéfice ecclésiastique.

Le 11 mai 1790, il fut présent au chapitre dans lequel
le chanoine Antoine-François Francony, syndic, soumit
l'Adresse à l'Assemblée nationale pour demander la conservation du siège métropolitain et du chapitre, que
dans une séance précédente il avait été chargé de rédiger.
Elle fut approuvée et on en envoya une copie à l'Archevêque et une autre à l'abbé Royer, député du clergé
d'Arles. Mais l'auteur ne voulut pas en permettre l'impression, ni l'enregistrement dans le livre des Délibérations, encore moins qu'elle fut envoyée aux Eglises
cathédrales de France comme on l'avait demandé. Cette
pièce est assez rare pour mériter d'être reproduite.

« Nos Seigneurs :

« Le chapitre métropolitain d'Arles, pressé par la voix

de l'honneur et de la conscience, se détermine à rompre
le silence ; c'est pour satisfaire à un devoir si sacré qu'il
présente avec confiance ses respectueuses réclamations
à l'Assemblée nationale.

« Dépositaires de la foi et du culte, les Eglises cathédrales sont dans l'Eglise catholique comme le centre de
l'unité, entourer la chaire épiscopale, servir d'aide et de
conseils aux Evêques, acquitter envers Dieu le tribut
journalier de la prière publique, et par l'appareil auguste
des cérémonies saintes, inspirer aux peuples l'amour et
le respect qui sont dus au souverain maître de l'univers,
telles sont les importantes fonctions des chapitres.

« Sous des rapports si essentiels pourroit-on regarder
ces établissements comme étrangers à la hiérarchie de
l'Eglise et au bien de la Religion ? Comment nous
deffendre nous-mêmes de manifester nos alarmes au
moment où des projets destructeurs semblent les menacer d'une entière suppression.

« Notre vœu le plus ardent fut toujours pour le bonheur
de la Nation ; mais où trouver ce bonheur ? Sur quelle
base établir la félicité publique, si la Religion n'en est
pas le fondement et le principe ? Elle est ce lien invisi-
ble, mais sacré qui unit les nations entre elles, qui forme la vraie paternité dans l'Etat, qui rend la Société in-
dissoluble et invincible, mais il faut qu'elle soit une,
c'est-à-dire qu'elle n'ait point de rivale à craindre ; s'il
s'en élevoit quelqu'une, bientôt le fanatisme prendroit
sa place et renverseroit tout : témoins ces jours d'erreur
et de délire où la politique et l'ambition se servirent du
nom sacré de la Religion pour commettre des forfaits,
que la Religion elle-même détestoit, et qu'elle pleure
encore.

« Frappés de ces vérités, le clergé de la sénéchaussée et
celui de la ville d'Arles avoient déjà demandé dans leurs
cahiers que la Religion catholique, apostolique et
romaine continuât d'avoir seule en France un culte

public. Pourroient-ils refuser cet hommage à une Religion, qui depuis quinze siècles est celle de l'Empire français, et dont notre Eglise a la gloire d'avoir été le berceau ?

« Mais que nous étions éloignés alors de penser que ce vœu vraiment patriotique deviendroit insuffisant ? Le patrimoine de l'Eglise et des pauvres passe dans le Trésor public ; les asyles que nos pères regardoient avec tant de vénération sont renversés ; les vœux monastiques sont déclarés incompatibles avec la Constitution du Royaume le plus catholique ; enfin la liberté de rompre leurs liens est donnée à des religieux, attachés à leur solitude par des engagements contractés à la face des autels et sous l'autorité des loix, quel présage pour l'avenir ! Ah ! ne devons-nous pas craindre que des évènements si extraordinaires n'entraînent après eux la destruction totale de la Religion de nos Pères.

« Ces réflexions sont alarmantes, mais elles sont vraies, et n'oser vous les présenter, seroit, nos Seigneurs, trahir tout à la fois, la Religion et la Patrie.

« Pénétrés de ces sentiments, nous osons demander, que pour l'honneur du nom français et la gloire des enfans de saint Louis, la Religion catholique, apostolique et romaine soit déclarée la Religion de l'Etat, et la seule qui ait droit de jouir dans le royaume de la solennité du culte public.

« Que les changements, jugés nécessaires dans l'ordre et le régime écclésiastique ne puissent s'opérer sans le concours du corps pastoral de l'Eglise gallicane ;

« Que les Evêques, qui ne tiennent leur mission que de J.-C., ne soient point séparés de leur troupeau ;

« Que les chapitres cathédraux, conseils naturels des Evêques, chargés d'offrir le sacrifice public pour la Nation et pour le Roi, ne soient point enlevés à leurs augustes fonctions.

« Enfin que les ordres religieux de l'un et l'autre sexe soient conservés conformément à leur institut et aux anciennes loix du Royaume.

« Plus nos craintes et nos demandes pour toutes les Eglises de France sont légitimes, plus elles doivent paroître justes pour l'antique Eglise d'Arles, notre mère. Nous la mettons sous la sauvegarde de l'Assemblée nationale. Pourroit-elle ne pas regarder avec intérêt une Eglise, dont la foi toujours pure n'a souffert depuis sa naissance aucune altération ; qui, dans des temps de trouble et de malheur sçut se préserver des prestiges du fanatisme, et donna la première dans nos contrées, des preuves publiques de son obéissance à Henry quatre.

« Conservez à ce diocèse, nos Seigneurs, le bon et le vertueux pasteur qui le gouverne, vrai successeur des Trophime et des Césaire. Son patriotisme éclairé nous retrace chaque jour les exemples frappans des Grands Prélats qui l'ont précédé.

« Daignez nous laisser l'honorable prérogative et la douce consolation de vivre à l'ombre du sanctuaire, au service duquel nous nous sommes consacrés, d'offrir encore dans une sainte union l'hostie pacifique, pour la prospérité et le bonheur de la France.

« Nous nous dévouons, s'il le faut à tous les sacrifices d'intérêt et de fortune, quel que soit le sort que l'Assemblée nationale nous prépare ; nous le préférerions au malheur d'être arrachés à notre Eglise, et de la voir sans culte et sans pasteur.

« Quelle autre ville a des droits plus légitimes à la conservation de son évêque et de son chapitre ? Un territoire immense, une population nombreuse, une possession de dix-sept siècles, et un éloignement considérable des autres villes épiscopales, fut-il jamais des titres plus forts ? Enfin si la ville d'Arles ne peut avoir part aux grands établissements politiques, n'est-il pas juste de lui conserver ceux qu'elle doit à la religion ? La piété de nos pères les a fondés, ils ne coutèrent jamais rien au peuple français, et nous ne sommes devenus librement citoyens de ce vaste royaume, que pour y vivre sous l'empire de la justice et des loix (1). »

Déjà cependant l'abbé Giraud s'inquiétait de la mauvaise tournure que prenaient les événements. L'abbé Roubaud, curé de Lanson, son ancien voisin, en lui demandant un secours pécuniaire pour dette criarde, lui écrivait le 18 septembre 1790 :

« Une chose que je suis assuré vous affecter beaucoup c'est entre autres choses ce qui a trait à la religion dans les circonstances présentes. Nous avons un extrême besoin de redoubler de ferveur dans nos prières que nous devons sans cesse offrir au Seigneur pour qu'il daigne nous la conserver et qu'il ne nous l'ôte pas dans sa colère, *dabitur genti facienti fructus ejus*. Elle a bien même aujourd'hui des zélés prosélites dans les grandes villes et à la campagne. Dieu aura toujours les siens. Tâchons d'en être. *Da mihi animas, cœtera tolle tibi.* Que des choses que nous voyons, qui nous l'aurait jamais dit ? »

Le chanoine Giraud lui· répondait le 24 septembre 1790 en regrettant de ne pouvoir l'obliger, vu le moment critique de la situation. Tout en lui disant qu'il ne pouvait s'écarter des intentions de son frère qui avait destiné sa fortune aux besoins des pauvres, il ajoutait :

« Mon bénéfice est peu solide dans les circonstances actuelles. On compte peu ici sur le revenu ou pension qu'on nous en fait espérer. Nous sommes donc tous

1. C'est grâce aux soins de l'abbé Bonnemant, que nous devons de posséder cette Adresse ; l'auteur lui permit d'en prendre copie. Bibl. d'Arles. Ms. 110. *Actes et mémoires concernant l'église d'Arles.*

dépendants de la divine providence et nous devons d'autant plus nous y reposer qu'elle dispose de tout avec beaucoup de sagesse, de bonté et de douceur, et toujours pour sa gloire et pour notre sanctification, *fortiter, suaviterque disponit omnia Deus*. Je prends beaucoup de part au reste à votre situation. Mes infirmités habituelles ne me permettent pas d'avoir dans le monde assez de relations pour vous procurer des assignats. Vous trouverez, j'ose l'espérer, ailleurs des occasions plus favorables pour dissiper vos peines dans l'état où sont vos affaires. Je vous prie d'être bien persuadé M., etc. » (1).

L'abbé Giraud avait reçu en même temps que les autres prêtres du diocèse un exemplaire de l'*Exposition des principes de la Constitution civile du clergé*. Cet écrit avait pour but de mettre en garde les ecclésiastiques contre la prestation de serment. L'abbé apposa sa signature à la réponse que firent les chanoines le 26 novembre 1790 et dans laquelle ils affirment « leur attachement aux vrais principes », se félicitent d'avoir à leur tête « le plus ferme défenseur de la religion » et expriment la crainte de voir supprimer le siège d'Arles (2).

Le 17 décembre 1790 le conseil municipal d'Arles avait par une délibération aboli le chapitre de Saint-Trophime. Les chanoines protestèrent par une belle déclaration qui porte la signature de M. Giraud. Elle fut lue le 23 décembre par l'abbé de Bertrand, grand vicaire, lorsque le maire d'Antonelle vint expulser les chanoines.

Le 1er janvier 1791, les portes de l'église Saint-Trophime furent fermées, l'abbé Giraud ne devait plus y retrouver sa stalle. On comprend la peine qu'il dut ressentir en s'éloignant de ce temple où il exerçait son

1. Bibl. d'Arles. Ms. 121 : *Correspondance*. II.

2. *Œuvres de Monseigneur Jean-Marie Du Lau*, II, p. 337.

ministère depuis plus de 40 ans. Cette inquiétude parut dans la lettre collective signée par notre abbé qui fut envoyée à l'archevêque le 1er janvier 1791 par le chapitre. Mgr du Lau répondit presque aussitôt, le 14 janvier, en disant la peine que la dispersion des chanoines a faite à son cœur (1). Il écrivit aussi six jours après à l'abbé Giraud, qui n'avait pas hésité à lui envoyer, en particulier, ses vœux et ses souhaits.

« J'avais besoin, lui disait-il, de recevoir des marques de votre souvenir et de votre amitié dans les circonstances où nous nous trouvons et que Dieu me fait la grâce de supporter avec courage. »

A ce moment l'abbé Giraud aurait voulu sauver une somme importante donnée par une demoiselle Alivon à l'œuvre de Saint-Genest. Il avait demandé conseil à l'archevêque qui lui répondait (même lettre) :

« Je désire fort que M. l'abbé Pazery soit reçu comme administrateur des œuvres pies, à toucher les arrérages de ce contrat, il peut toujours se présenter à cet effet.

« Le plus embarrassant est de bien constater que les onze cent livres n'appartiennent point aux œuvres pies du diocèse. Mlle Alivon et les parties intéressées étant encore vivantes, rien n'empêcheroit, ce me semble, de faire un acte de notoriété, dans lequel toutes ces personnes interviendroient.

« Si vous pouvés mettre dans vos intérêts le district et la municipalité qui doivent naturellement désirer qu'une pareille somme ne soit point enlevée à la ville d'Arles, votre cause si juste en elle-même ne souffrira vraisemblablement aucune difficulté. »

Cette ultime démarche était hardie, vu les circonstances. Ni M. Pazery, ni M. Giraud n'osèrent l'entre-

1. Bibl. d'Arles. Ms 110, déjà cité.

prendre : « Les demoiselles de l'œuvre sont suspectes
autant que nous deux, ajoutait-il en note à la lettre de
l'archevêque, en déclarant par acte de notoriété qu'elles
réclament leurs biens. On cherchera quelque biais
pour parvenir au payement d'une somme que Made-
moiselle Alivon a dit lui appartenir... En attendant
silence et patience » (1).

Il pensait aussi à ses propres intérêts menacés. Le 13
janvier 1791, il se présentait devant le Directoire du
District et demandait à être payé des arrérages de 150
livres de rente d'un capital de 3000 livres, placé depuis
le 14 août 1787, sur l'ancien archevêché d'Arles. Le
citoyen Joseph Gibert, chargé de ses affaires à Paris,
lui écrivait, à ce sujet, le 26 germinal an III [15 avril
1795] que la rente de 1791, était perdue pour lui, la
République ayant détruit tout ce qui pouvait rappeler la
comptabilité de l'ancien régime. « Je ne puis, ajoutait-il,
que vous exhorter à faire de cet objet qui heureusement
est minutieux, un nouvel article dans le chapitre de
vos sacrifices. »

Il avait de même une rente de 100 livres pour un
capital de 2000 livres placé sur le *nouveau Clergé*. Elle
lui était payée très irrégulièrement. Aussi chercha-t-il,
mais sans succès à liquider cette créance et la précédente. Une foule de formalités lui furent prescrites. Il
dut écrire lettres sur lettres, soit à Paris, soit à Marseille.
Il présenta notamment une pétition qui reçut le visa
du District, le 17 août 1792 et dut être approuvée par le
Département. Finalement, le 9 août 1793, il adressait
toutes les pièces requises au citoyen Vatine, receveur
de rentes, « homme d'une grande probité, très actif,
très solide, très intelligent et très exact », qui demeurait rue Jean-Jacques Rousseau, 27, à Paris, pour être
remboursé du premier de ces deux capitaux.

1. Bibl. d'Arles. Ms. 143, déjà cité, n° 23.

Il pensa également à liquider sa créance sur le *nouveau Clergé*. Deux de ses compatriotes, les orfèvres Clerc et Pomier devaient partir pour Paris, le 10 vendémiaire an III, [1ᵉʳ octobre 1794] afin de s'occuper de leurs affaires, l'abbé Giraud leur remit la veille la lettre suivante, adressée au citoyen Rousset, île de la fraternité, ci-devant Saint-Louis, rue Regratière, n° 7.

« Je suis bien en peine, citoyen, sur le sort du titre constitutif de ma créance de 2000 livres sur le ci-devant nouveau clergé de France, que je t'adressai par la poste le 11 novembre 1793 (vieux stile) et dont tu ne m'as point accusé de réception, je profite du départ du citoyen Clerc fils, d'Arles, pour te réitérer mes instances, afin d'avoir un mot de réponse de ta part ; je me flatte, citoyen, que tu voudras bien me donner satisfaction et dans le cas où il y auroit de ma part, encore quelque préalable à remplir, m'en indiquer les moyens d'exécution, pour parvenir au remboursement de mon capital, ainsi que des pensions échues en 1793-94 (v. st.). Tu obligeras infiniment celui qui se dit avec cordialité, ton concitoyen.

« Vive la République.

« J.-B. GIRAUD. »

Mais il ne put échanger ces titres. En désespoir de cause, il écrivit le 24 brumaire an VI (14 novembre 1797) au citoyen Joseph Gibert :

« Depuis le 12 frimaire an V, je n'ai point reçu de vos nouvelles. Où en sommes-nous de nos rentes ? Ne paye-t-on pas les créanciers de la Nation ? S'occupe-t-on du remboursement des capitaux ? Serions-nous remboursés en bons ? En ce cas vous m'obligeriés de les négocier pour être changés en numéraire attendu dans ma situation leur inutilité » (1).

---

1. Bibl. d'Arles. Ms 119 et 121 déjà cités.

Le 24 nivôse an III (13 janvier 1795), il prorogea la ferme de son mas de Peint pour une période de cinq ans, aux Autheman, père et fils (not. Chapus).

Le 4 février 1791, le Directoire du Département avait fixé son traitement de chanoine à 1676 livres 4 sols 5 deniers, mais il lui fut payé pour peu de temps comme le fait supposer la pétition, « fondée sur les principes d'équité et de justice » qu'il présenta le 16 mars 1793 au District et le 19 juillet suivant à l'administration du département. Le 10 septembre, il n'avait pas encore reçu de réponse.

Une pension de 50 livres lui avait été laissée (test. du 11 septembre 1772, not. Francony), par Magdeleine Gibert, épouse en secondes noces de Jean-Baptiste Maureau, avocat au parlement. Cette rente lui était servie par François Gibert, négociant, alors émigré. Le 6 décembre 1793, il envoyait au district un extrait en forme du testament, afin de ne pas perdre ses droits ni les arrérages de cette pension.

La Charité d'Arles était chargée de lui faire une pension de 600 livres qu'il ne toucha que jusqu'à la fin de 1792.

Son traitement de chanoine ne lui fut soldé que jusqu'en juillet de cette même année. Il fit dans la suite de vains efforts pour avoir un peu de l'argent qui lui était dû ; ce fut en vain. Le 16 mars 1793, il réclama au district le payement de divers arrérages. Le 10 avril, il eut, à ce sujet, une conversation avec Moreau dont il nous a conservé le récit : « Il m'a dit que le district m'avait débouté de ma demande, fondé sur ce que je n'avais pas prêté le serment dans la huitaine de la publication du décret du 14 août 1792, ce qui a eu lieu ici sur la fin de septembre dernier. Arrêté ensemble de laisser chômer cette affaire dans ce moment orageux, et que dans un temps plus calme, j'écrirai au département pour en avoir satisfaction. Il m'a promis de faire la lettre en temps opportun. Je lui ai demandé de vouloir bien prier M. Lardeyrol de lui remettre mes papiers et de me les faire ensuite passer, ce qu'il m'a promis ».

Et cependant l'ancien chanoine avait besoin de toutes ses ressources pour pouvoir suffire aux nombreux sacrifices qu'on allait lui demander.

Le 29 juillet 1792, une assemblée avait décidé que les propriétaires du terroir seraient tenus de porter cette année, au grenier qui leur serait indiqué, le huitième de leur récolte, pour l'approvisionnement de la ville. Deux jours après, le nommé Proal, au nom de M. Giraud, prêtre et propriétaire du mas de Peint, promet de verser la portion qu'on lui demande de sa récolte.

Le 7 mars 1793, connaissant les besoins des hôpitaux et des autres œuvres pies, il donnait volontairement 1000 livres pour subvenir à leurs besoins.

Le 14 septembre 1793, le citoyen Brun, cadet, se présenta chez lui pour lui demander « ce à quoi pouvait se porter sa récolte de tous grains et ce qu'il pouvait offrir à la commune pour le douzième de sa récolte ».

Il répondit à la première question « que depuis plus de huit jours il était occupé à faire transporter son blé de la campagne dans sa maison, qu'il éprouvait de continuelles difficultés là-dessus, que la majeure partie était arrivée jusque ici, qu'il lui venait des blés soulens avec le beau blé, que d'après l'aperçu du total de la récolte, la moitié ou portion qui lui en revenait pouvait être d'environ 500 setiers blé, que les soulens avaient été gâtés par la maladresse d'un nouveau baile qui avait mêlé les grapiers avec le blé soulens ».

Il répondit à la seconde question « qu'il se réservoit quarante setiers blé qui lui étaient nécessaires pour la provision de sa maison et des personnes qu'il y recevoit dans le cours de l'année ».

Il répondit à la troisième question « que sur 500 setiers il pouvait offrir à la commune 60 setiers blé qui sont le douzième de la moitié ou portion de la récolte qui le concernoit ».

Le maire dit à l'abbé Giraud de vouloir bien faire transporter le plus tôt possible les 60 setiers de beau blé et qu'il pouvait faire ce qu'il voudrait des soulens.

Le blé fut transporté dans le grenier d'abondance deux jours plus tard. Au bureau des subsistances, on loua beaucoup la sincérité et l'exactitude de l'abbé Giraud, ajoutant que si tout le monde avait agi comme lui, la ville ne serait pas dans la pénurie où elle se trouvait.

Le 27 pluviôse an II, il fut invité à se rendre à la mairie « afin de compter aux commissaires nommés par les signataires de la pétition du 10 septembre 1793 contre les patriotes monaidiers qui d'après le décret du 20 mars 1793 ont bien mérité de la patrie, la somme de 6.628 livres qui doit servir à payer les indemnités dues ensuite du même décret... et faute par le dit citoyen de s'y conformer promptement, il sera contraint par les lois qui sont confiées aux mains des autorités constituées et du comité révolutionnaire ».

Le 10 septembre 1794, il payait entre les mains de Moreau, cadet, les derniers restes de cette somme.

Le 8 thermidor an II [26 juillet 1794], il reçut avis d'avoir à payer 233 livres 16 sols, pour contribution extraordinaire de guerre.

Le 23 fructidor an III [9 septembre 1795], il donna 800 livres pour achat de blé pour les habitants, et, de plus, le 9 vendémiaire an IV [1 octobre 1795], il fit verser dans le grenier de la commune, seize cestiers de blé pour le dixième de sa récolte.

Le 3 frimaire an IV [24 novembre 1795], il recevait une lettre imprimée dans laquelle on lui disait en substance: « Les provisions alimentaires manquent, la récolte a produit à peine le triple de la semence, l'emprunt volontaire de 4 millions, décidé par la commune, le 22 thermidor, n'a donné que 150.000 livres, nous le convertissons en emprunt forcé, en prenant à chaque citoyen le tiers de son revenu présumé. Vous aurez à donner 19.884 livres.

Quelques jours plus tard, le 25 frimaire [16 décembre] il versait entre les mains de Joseph Gibert, la part de cette somme qu'il n'avait pas donnée, soit 11.084 livres. Malgré tant de sacrifices, la commune manquait encore de numéraire pour acheter du pain. Un prêt volontaire en vaisselle, ornements d'or et blé fut décidé. Le 10 nivôse an IV [31 décembre 1795], il faisait le sacrifice de 1200 livres de monnaie et de 120 livres d'argenterie. Les citoyens Pomme et Eymin, trésoriers, perçurent cette somme. Elle devait lui être rendue par le Bureau des subsistances après la vente des grains. Le 23 pluviôse suivant [12 février 1796], il faisait toucher au percepteur des contributions directes d'Arles, pour 65.000 livres d'assignats, imputables sur la contribution foncière de l'an III (1).

La misère était loin d'être conjurée. L'administration municipale d'Arles lui adressait le 26 ventôse an IV (16 mars 1796) la lettre suivante qui peint bien la détresse du moment :

« Depuis que le gouvernement, citoyen, nous a appelés à être ses coopérateurs, les subsistances de cette commune ont fixé principalement toute notre sollicitude... Acquitter une dette aussi sacrée envers nos infortunés concitoyens, voilà quelle fut notre ambition. Par nos constants efforts à surveiller cette partie essentielle de notre administration, nous espérions, citoyens, amener un si consolant résultat, lorsque le rapport de la commission des subsistances nous a démontré l'impossibilité d'y parvenir efficacement sans de nouveaux moyens. La situation de cette caisse est des plus déplorables.

1. Bibl. d'Arles. Mss. 119 et 121, déjà cités et 271 : *Miscellanées*. Révolution et Restauration.

C'est avec la plus vive douleur que nous vous en présentons le tableau. Dans deux jours le pain manque dans notre commune. Dans deux jours seulement, le peuple d'Arles est privé de cette première nourriture... Hâtons-nous, citoyens, de prévenir la plus affreuse des calamités, la *Famine*. Que de maux n'entraine-t-elle pas après elle ? Empêchons la malveillance de profiter de ces tristes moments !... Faisons des sacrifices pour soulager l'indigence ? Que de motifs pour exciter votre sensibilité.

« *Avec du numéraire seulement,* nous pouvons éloigner de nous une infinité de malheurs. Abandonnons au perfide égoïsme, à la froide insensibilité, le soin dangereux de s'isoler de la grande famille. Les secours qu'on vous demande sont pressants... L'humanité souffrante les réclame... Les besoins du peuple vous en font une loi.

« Le caissier des subsistances (le citoyen Joseph Martin) entre les mains de qui vous êtes invité de verser sans retard le montant de votre offrande, est chargé d'en opérer le remboursement des premiers deniers de sa recette. Nous vous invitons en conséquence, à verser la somme de 72 livres basée sur votre contribution foncière.

« Salut et fraternité.

« Maureau, Off. mpl.

« Ripert, Présid. »

Il fit le nouveau sacrifice qu'on lui demandait le 1er germinal suivant (21 mars 1796) (1).

Pendant cette période agitée, l'abbé tenait à lire les brochures d'actualité qui voyaient le jour, surtout celles relatives au serment. Dans une lettre du 22 mars 1791, il demandait à un de ses correspondants d'Aix en Provence :

Lettre de M. l'Archevêque d'Aix à Messieurs les Elec-

1. Bibl. d'Arles. Ms. 121, déjà cité.

teurs du département des Bouches-du-Rhône, à Paris, le 22 février 1791, en 28 pages.

Entretien d'un paroissien avec son curé sur le serment exigé des ecclésiastiques fonctionnaires publics, 2ᵉ édition, à Paris, 1791, en 73 pages.

Point de démission, encore un mot du serment. De l'imprimerie de J.-B.-N. Crapant, place Saint-Michel, 1791 et chez madame du Fresne, au Palais, en 43 pages.

Ordonnance de M. l'Evêque de Soissons portant diverses décisions pour prévenir le schisme qui menace l'église et le diocèse de Soissons. A Paris. De l'imprimerie de Guerbaut, libraire, sur le Pont-Neuf, nᵒ 19, 1791, en 22 pages.

Il ajoutait encore à ses papiers cette note qu'on ne verra pas sans intérêt :

« On dit qu'en France les évêques fairoient leur démission entre les mains du roi, et qu'ils pourroient la faire également entre les mains de l'assemblée. Oui, mais elle ne seroit consommée qu'après l'acceptation faite par le pape ; jusque-là, l'évêque et ses officiers devroient continuer l'exercice de leurs fonctions. Ainsi jugé par un arrêt du Conseil d'Etat en 1647, en faveur de l'évêque de Saint-Flour, contre le chapitre de son église. Quand tous les diocèses, quand toutes les paroisses, dont les pasteurs n'ont pas prêté le serment, seroient vacantes, les nouveaux évêques et les nouveaux curés demeureroient encore convaincus d'intrusion et de schisme » (1).

L'abbé Giraud s'occupait aussi des ecclésiastiques victimes de la Révolution. L'archevêque l'en remerciait, le 4 avril 1791, en lui envoyant deux numéros de l'*Instruction de l'évêque de Langres* (du 15 mars précédent) sur la conduite à tenir à propos de la direction des

____

1. Bibl. d'Arles. Ms. 121, déjà cité.

paroisses dans ces temps troublés. A propos de ces deux exemplaires, l'abbé répondait le 27 avril 1791 : « celui auquel est jointe votre ordonnance d'adhésion (1) ne sera communiqué à personne, j'ose vous le promettre, d'autant que tout fait une affaire dans le moment orageux où nous sommes ; il n'en sera pas de même de l'autre. Dieu veuille nous aider sans cesse à supporter en patience les peines et les chagrins qu'il ·permet qui nous arrivent pour éprouver notre foi et nous faire espier nos fautes. Je ne moralise ici que pour partager avec vous la croix vraiment pesante que vous portez à ses yeux. »

Il suppliait, dans cette même lettre, Mgr du Lau de lui envoyer le Bref du Pape sur le serment, et lorsqu'il l'eut reçu, il lui demandait en le remerciant, de penser à lui pour le second qu'on disait être arrivé à Paris depuis les premiers jours du mois de mai (lettre du 13 mai). Il fut exaucé presque aussitôt après (lettre du 27 mai) (2).

1. Voir cette adhésion dans le second vol. des *Œuvres de Mgr du Lau*, p. 350-351.

2. Voici le texte de ces deux lettres (Ms. 143) :

« Monseigneur, je vous supplie d'agréer de nouveaux remercimens du bref du Pape que vous m'avez fait l'honneur de m'envoyer, j'ose me flatter de vous les réitérer pour le second qu'on nous annonce être arrivé à Paris depuis les premiers jours du courant. Je désire bien sincèrement vous prouver en toute occasion ma sensibilité aux marques de bonté que vous ne cessez de m'accorder. J'ai l'honneur d'être avec un dévouement infiniment respectueux, Monseigneur, de votre grandeur, le très humble et obéissant serviteur

« GIRAUD, prêtre ».

A Arles, le 13 mai 1791.

« Monseigneur, j'ai reçu le deuxième bref du Pape que vous m'avez fait l'honneur de m'envoyer. C'est toujours à mon égard de nouvelles marques de bonté de votre part. Je vous supplie d'agréer les témoignages les plus sincères de l'union intime et constante avec mon évêque que me dicterait à jamais celles de

Quelques jours plus tard, il recevait. la lettre des évêques en réponse au Bref du Pape et il écrivait à l'archevêque, le 8 juin 1791 :

« Monseigneur, j'ai reçu avec un cœur toujours reconnaissant tout ce que vous me faites l'honneur de m'adresser. La lettre des évêques en réponse au bref du Pape m'a fait un sensible plaisir, autant qu'elle nous intéresse vraiment tous. Elle ne peut que m'affermir dans les principes qui ne finiront qu'avec ma vie ; la gloire de Dieu, la cause de l'église, vivre et mourir en faisant profession de la croire cette église et de la soutenir de toute mes forces et par tout, comme étant pour moi toujours la même, la seule vraie, une, sainte, catholique, apostolique et romaine. Dieu m'écoute, m'aide et m'exauce ! c'est là l'objet le plus cher de mes vœux. »

Quoique la situation devint de plus en plus difficile, l'abbé n'en continuait pas moins à correspondre avec son archevêque. Le 28 décembre 1791, il lui souhaitait la bonne année en ces termes :

« Monseigneur,

« Je vous supplie d'agréer les vœux les plus sincères de mon âme pour tout ce que vous pouvez désirer dans le Seigneur : les temps bien désastreux où nous nous trouvons ne sauroient altérer les sentimens d'union et de dévouement le plus intime que je conserverai toute ma vie pour un pasteur chéri que nous tenions de la miséricorde céleste. Qu'elle daigne nous le rendre au plustôt ce père si tendre et si bienfaisant. Tels sont principalement au Saint Autel les souhaits les plus

ma parfaite reconnaissance et du profond respect avec lequel je suis, Monseigneur, de votre Grandeur, le très humble et obéissant serviteur.

« Giraud, prêtre ».

A Arles, le 27 mai 1791. .

ardens de mon cœur. Je vous les offre avec tout le zèle et l'empressement les plus affectueux, etc. » (1).

Il se conformait aux mesures prises par l'Autorité auxquelles ne répugnait pas sa conscience. Ainsi pour obéir à un arrêté du département du 26 avril 1792, l'abbé Giraud se présenta le 7 mai suivant devant la municipalité d'Arles et fit à Monsieur Boulouvard, la déclaration suivante signée, en réponse à un questionnaire en cinq demandes.

1° Je n'ai point prêté le serment du 27 novembre.

2° Je ne suis point fonctionnaire public.

3° Je demeure à la maison m'appartenant, rue des Gautiers.

4° Je n'ai point dit la messe depuis le 25 mars dernier, conformément à l'arrêté du département.

5° Je reçois un traitement de la nation et la quotité de ce traitement est seize cent soixante livres, quatre sols cinq deniers.

En faisant cette démarche, l'abbé évitait de se voir « déclaré suspect et coupable de ce qui aurait pu arriver dans la ville, comme perturbateur du repos public », ainsi qu'on le lui fit remarquer.

M. Giraud n'avait jamais voulu prêter le premier serment exigé des prêtres et condamné par le pape, sur lequel il avait tenu à s'éclairer de son mieux. Le 14 août 1792, le serment de liberté et d'égalité venait d'être prescrit. Il fut cause de bien des divisions entre les ecclésiastiques. Monsieur Emery, prêtre de Saint-Sulpice, qui, à ce moment, était le conseiller du clergé français, le prêta et engagea à faire comme lui. L'abbé Giraud ne crut pas devoir le refuser. Malade (2) au

1. Bibl. d'Arles. Ms. 143, déjà cité.

2. « Nous soussignés, citoyens médecins de cette ville, certifions que le citoyen Giraud, prêtre, a été malade pendant le cours des mois d'août, septembre et octobre de l'année dernière,

moment où il fut promulgué, il ne put se présenter que le 15 octobre devant la municipalité d'Arles et jura d'être fidèle à la nation, de maintenir la liberté et l'égalité et de mourir en les défendant. Un certificat de sa déclaration lui fut remis, séance tenante. Il portait la signature de Roullet, administrateur, et de Paulmier, secrétaire. Voici les considérations personnelles qui l'avaient guidé en prêtant ce serment. « Il ne fait mention, dit-il quelque part, ni de la constitution civile du clergé, ni de la déposition du roi, ni de la loi du divorce. Il n'y a pas un mot de la religion, rien qui intéresse la conscience ou qui porte atteinte à la doctrine de l'Eglise, en ce que nous avons cru et pratiqué jusqu'à ce jour » (1).

Des décrets de proscription avaient été votés le 27 mai 1792, ils étaient d'une extrême violence. Ils condamnaient à la déportation les prêtres insermentés. La dénonciation devint à la mode.

Boyer, Siméon, Engallier, de Saint-Chamas, demandèrent des nouvelles de l'abbé Giraud à la municipalité d'Arles. Les administrateurs répondirent le 19 octobre 1792 :

« Nous avons reçu, citoyens, votre lettre par laquelle vous nous informez si Jean-Baptiste Giraud, prêtre, est émigré. Nous vous répondons que ce citoyen est ici, et n'a jamais émigré et qu'il y a même tems qu'il a prêté devant nous le serment prescrit par la loi du 14 août dernier » (2).

L'abbé se tenait le plus qu'il pouvait au courant des

par une suite de ses infirmités permanentes et douloureuses. Et c'est pour attester la vérité des faits énoncés ci-dessus que nous avons donné le présent certificat. A Arles, le 16 mars 1793, l'an 2ᵉ de la R. Gros, Portales, chirurgiens. »

1. Bibl. d'Arles. Ms. 119, déjà cité.

2. Arch. municip. d'Arles. Correspondance (1790-1793).

événements. Il lisait à cette époque le *Mercure de France* et le *Journal des Débats et des Décrets*. L'abbé Royer, qui fut député du clergé arlésien, lui avait déjà procuré un abonnement au premier de ces périodiques, en 1792. Pour qu'il le reçut plus sûrement il le faisait adresser à la citoyenne veuve Maureau, née Boulouvard, à Arles. L'année suivante, il refusa de lui rendre le même service attendu, lui disait-il, que cet ouvrage *(le Mercure)* ne valait rien.

Le 4 frimaire an III (24 novembre 1794), il écrit à Joseph Gibert, qui demeurait rue de Grenelle Saint-Honoré, 33.

« Mon cher Patriote et vrai concitoyen,

« Je désirerais souscrire pour le *Journal des Debats et des Décrets*, je vous prie à vos loisirs de voir le rédacteur de ce journal et de lui compter pour moi la somme de 27 livres, pour l'abonnement de six mois, à dater du 1er vendémiaire de la présente année, troisième de la République, et dont il voudra bien me faire passer le plus tôt possible les feuilles à mon adresse que vous me ferez l'amitié de lui remettre.

« Veuillez bien lui demander en même tems l'exactitude dans l'envoi de son journal ».

Cette dernière phrase laisserait supposer que des négligences sur ce point devaient se produire. En effet, d'après une lettre écrite, à son même correspondant, le 5 ventôse an III (23 février 1795), l'abbé ne recevait pas certains numéros, ou bien deux fois le même, ou tel numéro en épreuves. Parfois des lignes d'une page étaient en blanc, assez souvent l'adresse était collée en partie sur le journal de façon qu'en enlevant la bande on déchirait le feuillet, ou bien des lettres se trouvaient effacées (1).

1. Bibl. d'Arles. Ms. 121, déjà cité.

Il aurait aussi voulu lire les *Tablettes historiques*.
« Je vous prie, mandait-il à Gibert, le 24 brumaire
an VI (19 novembre 1797) de m'abonner au journal intitulé : *Tablettes historiques*, et ce pour 6 mois, à dater
du 1ᵉʳ nivôse prochain, c'est 24 livres pour le semestre.
On souscrit chez le citoyen Lecerf, directeur du *Journal
des Tablettes historiques*, au bureau, rue de la Feuillade,
à Paris. Vous voudrez bien lui recommander l'exactitude qu'il s'est donné d'apporter dans l'envoi de sa
feuille, et lui remettre mon adresse : *Citoyen J.-B. Giraud, rue des Gantiers, à Arles, departement des Bouches-du-Rhône*. Quelques jours plus tard, le 16 nivôse
an VI (5 janvier 1798), il n'avait pas reçu le périodique.
« Est-ce que ce journal est supprimé et remplacé par un
autre, comme il est arrivé autrefois ? mandait-il à son
correspondant » (1).

L'abbé Giraud recueillit pendant la Révolution nombre de notes relatives à cette période de notre histoire
nationale. Il a aussi sauvé de l'oubli plusieurs faits particuliers à la ville d'Arles, comme les inscriptions des
cloches de Saint-Trophime, prises le 6 janvier 1794 :

« La 1ʳᵉ cloche est encore au clocher.

L'inscription de la 2ᵉ cloche est comme suit : *Deum
laudo, canonicos vivos convoco. Mortuos ploro. Dœmo-
nes fugo*. H. Condamin fecit. J.-B. Babandi m'ont fait.
1752. Armoiries de M. de Jumilhac. Armoiries du chapitre.

La 3ᵉ cloche est en Crau.

L'inscription de la 4ᵉ cloche est comme suit :

Xps vincit. Xps regnat. Xps imperat. Xps ab omni
malo nos defendat. 1600.

Image de la Sainte-Vierge portant son fils au bras
gauche gravée ici.

Autre image de St-Trophime et une autre image de la
croix gravées ici, séparément.

1. Biblioth. d'Arles, Ms. 120, déjà cité.

L'inscription de la 5ᵉ cloche est comme suit :

Verbum carum factum est ad cujus honorem et ejus gloria genitricis ac sanctorum

Trophimi Stephani. R. in christo pater DD Allemand, card. arch. Arelatensis me fecit.

Anno 1436 Archiepiscopus de Grignan cum capitulo me refecerunt anno 1672. ·

L'inscription de la 6ᵉ cloche est en lettres gothiques.
On n'a pu la déchiffrer (1). »

Une proclamation ordonnait à « tous propriétaires, locataires, sous-locataires, concierges ou autres jouissant à quelque titre que ce fut, de maison ou de partie de maison, de porter dans les 24 heures à la mairie et d'afficher sur la porte de leur demeure, les noms, qualité, domicile ordinaire des personnes logées chez eux. Le 9 juin 1793, Jean-Baptiste Giraud déclarait qu'il habitait, rue des Gantiers, avec ses deux domestiques, Catherine Dorjon, née en 1743, et Honorade Harmitan, née en 1740.

Plusieurs prêtres arlésiens avaient pris le chemin de l'exil, lui ne crut pas devoir partir. Au reste sa santé toujours chancelante ne lui eut pas permis de s'en aller à l'étranger. Il put même rendre quelques services à ses concitoyens. Charles de Chiavari avait un fils cadet, Pierre-Jean-Baptiste, à Malte depuis 12 ans, que l'on avait porté sur la liste des émigrés. L'abbé écrivit à son cousin Maureau, cadet, pour le prier de vouloir bien le faire rayer, comme n'étant pas soumis à l'article VII de la loi du 25 brumaire (2).

Le 23 pluviôse an III (19 janvier 1795), un nommé Garrot en lui écrivant lui parle « des exemples de résignation aux volontés du ciel qui lui sont si familières et

1. Biblioth. d'Arles, Ms. 239, déjà cité.

2. Id., Ms. 119, déjà cité.

dont le seul souvenir a été à lui-même d'un grand secours dans des occasions bien critiques » (1).

Un moment d'accalmie s'était produit après la mort de Robespierre. La loi du 11 prairial, an III (30 mai 1795), rendait la jouissance des églises aux prêtres qui auraient prêté serment de soumission aux lois de la République. Le clergé d'Arles fut divisé, comme ailleurs, sur la question de savoir si ce serment était ou n'était pas licite. Quelques ecclésiastiques après examen crurent devoir le prêter. Le 22 messidor an III (10 juillet 1795), Jean-Baptiste Giraud, Barthélemy Tourniaire, François Chauvin, Pierre Joubert, Jean-Antoine Maureau, Jacques Guès, Pierre Gibert, se présentèrent devant la municipalité. L'un d'eux, l'abbé Tourniaire, demanda la parole et dit au nom de tous.

« Citoyens,

« Ministres du culte connu sous le nom de catholique romain, nous venons nous conformer au décret du 12 prairial dernier, concernant la soumission aux lois de la République, bien persuadés qu'ayant décrété la liberté des opinions religieuses, la constitution nationale exigeant cette soumission indéfinie, n'entend point nous obliger à nous écarter des maximes de notre religion dont les principes règleront toujours invariablement nos démarches. »

« *Le Président* répondit: « Nous n'avons que l'Etre suprême pour juge de nos opinions religieuses, la loi ne s'arroge aucune inspection sur ce qui est du ressort de la conscience et tout ce qu'elle exige, c'est qu'aucun individu ne trouble l'harmonie du corps social. Tel est l'objet de la soumission dont il s'agit. Tel est le devoir d'un bon citoyen, et nous ne doutons pas que vous ne vous fassiez un plaisir de le remplir. Vous pouvés vous

---

1. Bibl. d'Arles, Ms. 121, déjà cité.

retirer au secrétariat où le secrétaire de la commune recevra votre soumission » (1).

En même temps ces prêtres se retirèrent pour faire leur soumission, et annoncèrent qu'ils se proposaient d'exercer le ministère du culte catholique dans la commune d'Arles et demandèrent copie de cette déclaration. Le ms. 119, renferme au n° 49, celle qui fut délivrée à l'abbé Giraud. Le peuple accueillit fort bien les ecclésiastiques qui prêtèrent ce serment et assista en foule aux exercices religieux qu'ils célébraient. Cependant les prêtres d'Arles qui refusèrent de se soumettre furent assez nombreux et pour échapper à la persécution durent reprendre le chemin de l'exil.

La paix dont on jouit après le terrorisme fut de courte durée. La Convention décréta de nouvelles mesures de rigueur contre les prêtres et exigea d'eux un nouveau serment. Il fut demandé sans retard aux prêtres d'Arles, comme le prouve la lettre du 29 vendémiaire au IV (21 octobre 1795) de Jacquemin, substitut de l'agent national, aux ministres desservant l'église de Saint-Trophime.

« La loi du 11 vendémiaire an IV (3 octobre 1795), citoyen, soumet les ministres de tous les cultes à une déclaration nouvelle.

Le délai qu'elle accorde expire aujourd'hui, et toute contravention est prévue par les peines qui y sont énoncées.

Spécialement chargé par la loi d'en poursuivre l'exécution, je m'empresse de vous en faire part, pour que vous ayez à vous y soumettre par le jour et dans le cas contraire, de cesser vos fonctions. Salut et fraternité. »

Pour se conformer à cet ordre, le chanoine Giraud fit cette déclaration, le 18 brumaire an IV (8 novembre 1795) :

1. Bibl. d'Arles, Ms. 119, déjà cité.

« Je reconnais que l'universalité des citoyens est le souverain, et je promets soumission et obéissance aux lois de la République. »

Ce n'était pas sans avoir pris conseil et sans réflexion, que l'abbé Giraud obéissait à ces lois. Le docteur Pomme, son ami, lui avait remis copie d'une lettre qu'il avait reçue d'un ecclésiastique de Paris, et qui donnait la ligne de conduite à tenir :

« J'ai été si occupé ces jours-ci que je n'ai pu trouver un moment pour m'entretenir avec vous sur le décret du 11 vendémiaire. L'objet de l'article VI, nous allarma d'abord, parce qu'il nous parut sans motif réel, après avoir fait ce qu'exigeoit le décret du 11 prairial ; mais tout bien et duement examiné, on a prononcé que ce que l'on demandoit étoit étranger à la religion ; que par conséquent on pouvoit aller en avant, qu'en politique la chose étoit peut-être problématique, mais que l'intérêt de la religion obligeoit de plier son opinion particulière à ce que prescrit l'autorité publique. On appuyait cette dernière conséquence du sentiment présenté et adopté généralement depuis 1789 par les cy devant ordres, par le chef héréditaire, par les plus célèbres orateurs du côté droit aux Etats généraux, par l'avis positif des prélats ; par leur non réclamation dans les principaux écrits qu'ils ont fait ; par l'offre de jurer de tout maintenir à l'exception des droits de la puissance spirituelle ; par le bref du 10 mars 1797 (sic) ; ou le chef de l'église dit que les peuples sont maîtres de leur gouvernement, et qu'il ne réclame que les droits de la religion, et ceux du siège apostolique : enfin on dit qu'il n'est question ici que d'un fait et non d'un droit, on invoque, encore un discours de Massillon, prêché le dimanche des rameaux devant son jeune maître, ou le principe du jour est fortement prononcé. On a cru donc que ce seroit sans motif que quelques êtres épars çà et là pour le sa-

lut des âmes fairoient une résistence que leurs chefs
n'ont pas faite en d'autres tems. Tels sont les principaux motifs qui ont déterminé les évêques qui restent ;
le conseil de la capitale, ceux des diocèses voisins ; ceux
qui résident auprès des églises mères ont demandé
l'avis de ceux qui sont en mission. et nous nous sommes trouvés tous d'accord par les mêmes raisons : on
ne compte que quelques hommes sans doute très délicats contre, et on a remarqué qu'ils étaient peu accou-
tumés aux affaires, ou peu instruits. M. l'évêque de
[Marseille probablement], avec lequel j'ai eu une conversation d'une heure et demie sur cet article a envoyé
un bon mémoire chez lui en faveur de la déclaration
dont il s'agit, si vous le trouvez convenable faites part
de cet avis chez vous. »

La conduite digne et réservée de l'abbé Giraud allait
avoir sa récompense. L'évêque de Marseille, Mgr de
Belloy, administrait l'archevêché d'Arles. Il se l'adjoi-
gnit pour vicaire général, le 23 février 1797, à la recommandation du docteur Pomme. L'abbé Giraud remercia
par la lettre suivante :

« La prière que vous me faites d'accepter le titre de
vicaire général, Monseigneur, est pour moi un ordre
exprès de Dieu. Je l'accepte ainsi avec tout le respect
et la soumission que je vous dois ; je ne saurois cependant vous dissimuler que M. Pomme, l'ange et l'apôtre
de cette contrée, auroit dû consulter un peu mon âge,
mon peu de capacité et de lumière, avant que de vous
rendre de si bons témoignages en ma faveur ; mais
j'adore humblement tout ce que Dieu permet à ce sujet,
et j'espère de lui son puissant secours pour me rendre
digne de toute la confiance dont vous m'honorez. J'ai
vu M. Jaubert, votre premier et principal coopérateur
dans les fonctions du saint ministère, je l'ai prié de votre
part de me considérer comme son adjoint et ne voulant

être qu'un avec lui, agir de concert pour accomplir et l'ordre de Dieu et tous vos désirs pour sa plus grande gloire et le salut des fidèles qui vous sont confiés. Quant à la soumission aux lois du gouvernement, soyez, je vous prie, soyez assuré que je ferai en mon particulier tous mes efforts pour la persuader à ceux qui s'y refusent en me conformant à vos sages et utiles instructions. Ce sont bien là mes intentions qui n'ont pas varié depuis que j'ai fait à notre municipalité ma déclaration à cet égard, disant toujours à qui veut m'entendre, que la paix de l'église et le bien de la religion qui renaît parmi nous, ne sauroient soutenir de schisme là-dessus, et que nous devons en tout temps, comme ministres de l'évangile, donner l'exemple de la soumission due aux puissances civiles. Je vous supplie d'agréer les sentimens de la plus vive reconnaissance des marques de bonté que vous daignés m'accorder dans votre lettre du 23 février. Je m'efforcerai d'en mériter la continuation.

J'ai l'honneur d'être avec un profond respect, Monseigneur,

Votre très humble et très obéissant serviteur.

GIRAUD, prêtre.

Au citoyen Jean-Baptiste de Belloy à Chambly, département de l'Oise.

A Arles, 10 mars 1797. »

A une date beaucoup plus récente, l'évêque de Marseille avait nommé deux autres vicaires généraux, comme nous l'apprend la lettre suivante écrite au docteur Pomme :

A Chambly, 18 décembre 1795.

« Respectable citoyen,

« C'est avec une vraie satisfaction que je reçois de vos nouvelles par vous-même ; car je n'oublie pas le plaisir que j'ai eu de vous voir et de causer avec vous à Arles. Je suis édifié de votre sollicitude pour la conservation de votre religion, et l'honneur de son culte dans votre ville. Je sens parfaitement que cette métropole se trouveant malheureusement privée du très digne prélat qui la gouvernoit, et des vicaires généraux qui étoient chargés de ce soin, je sens, dis-je, qu'il est de mon devoir, en ma qualité de premier suffragant, de concourir à ses besoins spirituels autant qu'il m'est possible. C'est pourquoi, bien informé par votre témoignage et celui de plusieurs personnes dignes de foi, de bonne vie et mœurs, de la saine doctrine, capacité et zèle, ainsi que de la grande confiance des fidèles en Messieurs Verbert (1) et Mercurin (2), prêtres, je les ai nommés vicaires généraux de ce diocèse avec tous les pouvoirs de juridiction attachés à cette place et cela pendant la vacance du dit siège et l'absence des vicaires généraux qui étoient légitimement institués. J'ai tout

1. Verbert (Marie-Charles-Emmanuel), né à Pont-de-Vaux (Ain), le 15 novembre 1752, entra chez les Lazaristes à Lyon, débuta comme professeur de Séminaire à Arles, puis fut placé à Marseille en 1782, se retira en Italie pendant les plus mauvais jours de la Révolution ; revenu à Marseille en 1795, il fut nommé grand vicaire d'Arles la même année ; au Concordat, il fonda la paroisse Saint-Vincent-de-Paul à Marseille. Le 20 octobre 1810, il fut installé proviseur du Lycée de Marseille. Sous la Restauration, il fut professeur de théologie morale à la Faculté de théologie d'Aix. Le 22 août 1816, il accepta la charge de vicaire général de la Congrégation des Lazaristes. Il mourut à Paris le 4 mars 1819. — H. SIMARD : *Saint Vincent de Paul et ses œuvres à Marseille.*

2. Mercurin (Joseph-Jean-Baptiste-Melchior), né le 6 janvier 1755, entra à l'Oratoire le 8 septembre 1773, fut vicaire de Notre-Dame la Principale, à Arles en 1788, refusa le serment à la constitution civile du clergé, et fut un moment grand vicaire d'Arles. Il mourut à Aix dont il était originaire, le 21 novembre 1805, sur la paroisse St-Jean-Baptiste, à laquelle il était attaché depuis le 5 juin 1803.

lieu d'espérer que le Seigneur répandra ses bénédictions sur leurs travaux évangéliques, et qu'ils mériteront de plus en plus l'estime et la confiance que les fidèles ont déjà en eux.

« Je suis charmé que cette occasion me procure celle de vous assurer de l'estime et de la considération distinguée que je conserve pour vous ; c'est avec ces sentiments que je suis bien véritablement

« Votre ami et serviteur,

« † Jean-Baptiste. »

« P.-S. Malgré mon grand âge de 87 ans, je jouis constamment d'une bonne santé sans aucune infirmité. Je vis paisiblement dans le sein de ma famille au milieu d'un peuple dont j'ai le bonheur d'être aimé, et qui par ses soins et son zèle m'a préservé de tout événement fâcheux. Mon projet est néanmoins de retourner à [Marseille] auprès de mon cher troupeau sitôt que certains nuages qui existent encore seront dissipés, et que je pourrai, sans imprudence, entreprendre ce voyage. »

Quatre prêtres avaient donc à ce moment à diriger le diocèse d'Arles. Le choix de plusieurs d'entre eux fut plus ou moins heureux. En tout cas, ils se hâtèrent trop de prendre certaines mesures graves, plutôt réservées à l'autorité épiscopale, et qui ne furent pas approuvées par tous.

Le 12 mai 1797, Messieurs Joubert et Giraud, nouveau grand vicaire, firent porter dans les sacristies de la ville, l'ordonnance suivante relative à des prières pour la cessation de la pluie :

« Il est ordonné qu'en continuation des prières pour la sérénité du temps, aujourd'hui 12 du courant à 5 heures du soir, afin que nos prières soient exaucées on exposera le Saint Sacrement dans Saint-Trophime jusqu'à 6 heures qu'on chantera le ps. 66. *Deus misereatur nostri*, les versets et repons, et les oraisons qui suivent dans le rituel *ad postulandam serenitatem*, après quoi on chantera l'hymne *Pange lingua*, versets et oraisons, et on donnera la bénédiction du Très Saint Sacrement, ce qui sera continué le lendemain 13 et dimanche 14, comme les deux jours précédents.

« Les lundi, mardi et mercredi suivans les prières faites à l'église Saint-Trophime, seront continuées dans l'église Saint-Julien pendant lesdits trois jours ; les jeudi, vendredi et samedi qui suivront les mêmes prières seront continuées dans l'église Notre-Dame la Major. Le dimanche 21, les prières faites aux églises ci-dessus seront chantées dans l'église de l'hôpital de la Charité de cette ville.

« Les fidèles sont exhortés à joindre leurs prières à celles de l'église, pour apaiser la colère de Dieu et implorer sa miséricorde.

« Il est ordonné à tous les prêtres desservant les églises de cette ville, d'ajouter à la sainte messe les oraisons *ad postulandam serenitatem*, pendant le temps que dureront les prières ci-dessus.

« La dite ordonnance sera affichée dans les sacristies des églises ci-dessus mentionnées.

« Fait à Arles, le 12 mai 1797 (v. s.).

« JOUBERT, v. g., GIRAUD, v. g.

« Instruits et assurés par les ordonnances de cette église, 2 jours après l'ordonnance rendue ci-dessus que le Seigneur avait exaucé nos prières, nous avons converti en actions de grâces les prières demandées jusqu'ici pour la sérénité du temps. En conséquence aujourd'hui 14 du courant, nous arrivés au pied de l'autel avons entonné l'hymne *Te Deum*, puis on a chanté au chœur le ps. 148. *Laudate Dominum de cœlis*, et de suite avons chanté à genoux les versets et oraisons du rituel romain *pro gratiarum actione*, terminées par la longue conclusion disant après *Dominus vobiscum*, *Exaudiat nos* et

Fidelium, ensuite avons donné la bénédiction du Saint Sacrement avec les versets et oraisons du Très Saint Sacrement et de la sainte Vierge. Nous avons envoyé led. jour 14 dans les sacristies de la ville, le billet suivant:

« Il est ordonné à tous les prêtres qui desservent les églises de cette ville, de convertir en actions de grâces les prières demandées jusqu'ici pour la sérénité du temps. En conséquence ils sont invités à ajouter à la sainte messe pendant 3 jours consécutifs à commencer dès demain, lundi, les oraisons du missel *pro gratiarum actione*.

« Fait à Arles, le 14 mai 1797 (v. s.).

« JOUBERT, v. g., GIRAUD, v. g. »

L'abbé Tourniaire avait rendu comme administrateur, de grands services aux prêtres du diocèse pendant la Révolution. M. Beuf communiqua à l'abbé Giraud, une lettre par laquelle ce prêtre annonçait qu'il était remercié, ce fut le commencement de murmures parmi le clergé.

Peu de jours après, le grand vicaire apposait sa signature au bas d'un règlement qu'il avait élaboré avec ses confrères de l'administration diocésaine et dont voici la teneur:

« Précis de règlement pour la ville d'Arles et son diocèse.

« Pour prévenir quelques abus que le malheur des temps et la position particulière de la ville d'Arles, pourroient introduire ou autoriser, les supérieurs ecclésiastiques, après avoir délibéré sur les moyens de maintenir l'ordre et de rétablir peu à peu la religion dans le diocèse, ont jugé de proposer les règles suivantes auxquelles ils ajouteront ou retrancheront suivant le besoin.

§ I

Comme la facilité d'entendre la messe dans les chapelles domestiques, pourroit détourner d'assister au service divin dans les églises et favoriser un esprit de schisme dans certaines personnes mal instruites, nous interdisons toutes les chapelles particulières dans les maisons qui n'ont pas de prêtres fixes, sous peine de suspense *ipso facto*, pour le prêtre qui y admettrait tout autre que le servant et les personnes de la maison même, et d'interdit pareil pour la chapelle, trois jours après la connaissance du présent règlement.

§ 2

Aucun baptême, ni mariage, ne se fera désormais que dans les églises où s'exerceront ouvertement les fonctions curiales, et les prêtres qui pour des raisons particulières ne pourront pas s'y montrer, s'interdiront dans leurs chapelles domestiques, toutes les fonctions qui sont du ressort des paroisses.

§ 3

Les prêtres desservants des églises ouvertes seront fort exacts à lire tous les dimanches à la messe de paroisse les prières du prône, avec l'évangile du jour, et à faire quelqu'instruction familière. Quand les circonstances ne leur permettront pas de donner de leur propre fonds, ils se conformeront à l'esprit de l'église, et à l'usage ancien de lire quelque homélie des pères, ou toute autre instruction sur l'évangile, comme celles de Joli, de Gorard, de Thiebaud, etc.

§ 4

Les prêtres qui sont distribués dans ces églises pour les desservir, auront grand soin de fixer d'une manière invariable les heures des messes, pour tous les jours, mais bien encore davantage les jours de dimanches et de fêtes ; et ils s'y tiendront irrévocablement attachés.

§ 5

On se conformera très scrupuleusement à l'usage du diocèse au sujet des mariages, pour les faire jamais le soir, jamais une heure avant le jour ; et autant que cela se pourra, jamais sans la messe.

§ 6

Nous recommandons très instamment à tous les prêtres de bien se mettre au fait des rubriques de la messe
ou de l'office divin, pour ne jamais s'écarter de l'usage
reçu dans le diocèse sur les préfaces comme sur tout le
reste.

§ 7

Comme la publication des bans si sagement prescrite
par l'église, pourroit quelquefois faire ombrage au gouvernement, sous prétexte qu'il y supplée lui-même par
ses affiches à cet égard, on ne procédera jamais à la
bénédiction d'un mariage, sans avoir des preuves certaines que les affiches de la commune ont resté au
moins trois jours exposées aux yeux du public, à
moins que pour des raisons particulières, les supérieurs
ecclésiastiques ne jugent plus à propos de dispenser de
la publication des bans.

§ 8

Les prêtres qui desservent les églises ne procèderont
à la bénédiction d'aucun mariage, sans en avoir donné
quelque temps auparavant connaissance aux supérieurs
ecclésiastiques, qui feront comparoître, s'ils le jugent à
propos, les parties devant eux, pour les instruire, sur les
empêchemens qui pourroient se rencontrer ; et ce tant
que les supérieurs ecclésiastiques ne se reposeront pas
sur quelqu'un pour ces recherches et ces instructions.

§ 9

Pour obvier aux inconvénients qui résulteraient dans
la suite, faute d'être assuré qu'une personne a été faite
chrétienne par le baptême, ou qu'elle a reçu le sacrement de mariage, on tiendra dans toutes les églises ou
s'exerceront les fonctions curiales, avec la plus grande
exactitude des registres de l'un et de l'autre sacrement ;
et au fur et à mesure qu'ils les conféreront, ils en déli-
vreront les extraits aux parties intéressées, gratuitement
et avec au moins deux signatures de témoins.

§ 10

Comme il n'y a dans ce moment que 3 églises ouvertes, les fidèles qui appartenaient ci devant aux paroisses dont les églises sont encore fermées, pourront à leur choix se distribuer dans celles qui ne le sont pas, pour assister à la messe de paroisse ou pour satisfaire au devoir pascal.

§ 11

Pour les bénédictions du Saint Sacrement, on se conformera très exactement à l'usage du diocèse, sans s'en écarter jamais, à moins d'une permission par écrit des supérieurs ecclésiastiques.

§ 12

Toutes les fois que l'on aura à donner la bénédiction du Saint Sacrement, on la fera précéder du Ps. *Miserere* avec le verset *Domine non secundum* etc., et l'oraison *Deus qui culpa offenderis*, et les prêtres ajouteront tous les jours pour collecte à la messe, *pro tempore schismatis*, ou *pro quacumque necessitate*, à leur choix, excepté les fêtes de 1e et de 2e classe.

Fait à Arles, le 20 mai 1797.

Joubert, v. g. ; Giraud, v. g. ; Verbert, v. g.; Mercurin, v. g.

Collationné à l'original.

GIRAUD, v. g. (1).

Le 27 mai, il envoya un exemplaire de ce règlement sous enveloppe, à Gay, Gautier, Brunet, Ménatory, prêtres à Arles, et à Maureau et Benet, prêtres de Trinquetaille.

En sa qualité de grand vicaire il avait eu à faire avec le Père Joubert des placements de prêtres dans les paroisses. Ils ne furent pas toujours heureux. Ainsi on

---

1. Bibl. d'Arles, ms. 113. *Syndicat du chapitre de la sainte église d'Arles*, n° 217.

avait nommé à Cornillon, malgré de bons sujets, le doctrinaire Ricard, qui avait été ordonné par un intrus et qui était sous l'anathème de l'église, il n'y avait pas trois mois. Que devaient penser ceux qui avaient toujours été fidèles et qui avaient déjà tant mérité par leurs longs et pieux services. Aussi les plaintes continuaient à se faire entendre et le 14 juin 1797, Mgr de Belloy leur faisait dire par M. Verbert :

« Mon intention est qu'ils ne décident rien d'essentiel : qu'ils ne fassent aucun règlement, et notamment qu'ils ne prononcent aucune censure, sans votre participation et votre concours ; comme aussi de ne nommer à aucune cure, mais seulement des desservants de concert avec vous. Il n'est pas encore temps de confier ces sortes de titres en la forme ancienne canonique. C'est ce que je leur manderai, et c'est ce que je vous prie de leur faire entendre. »

M. Verbert en transmettant les intentions de l'évêque de Marseille à ses collègues leur parlait de divers prêtres et la manière dont il fallait les utiliser. « Monsieur Ménatory ne peut être curé aux Martigues, disait-il. Je l'y crois nécessaire dans ce moment par le bien qu'il y fait. Il a fait sa soumission, je lui dois cette justice que si je l'envoyais demain à un autre bout du diocèse, demain il partirait. Il ne faut pas pour Saint-Mitre M. Filhol le jeune, nous ne le connaissons pas. Il ne faut pas envoyer M. Gay à Saint-Chamas. Il n'aurait pas fallu nommer M. Jaubert de Salon, curé de Grans. Je suis tout à fait scandalisé de la conduite de M. Jousseau. Vous pouvez lui dire que si j'avais pu prévoir qu'il se refusât aux besoins, je l'aurais bien laissé sous les censures et vous feriez bien de le menacer de l'y remettre. Il faut un peu pousser la conscience de ces prêtres qui ne savent pas se prêter à leur devoir. Je ne sais pas qui confesse M. Chaix, mais il faut qu'il ait une rude conscience pour laisser son troupeau exposé au loup. M. Louis Véran est jeune, il a des talents, il faudrait lui écrire à Marseille et lui proposer un endroit où il y ait de la besogne, ni Arles, ni Saint-Chamas dont il ne veut pas, mais bien le vicariat de Salon, et nous disposerions de Louis Pin, pour ailleurs. » Monsieur Joseph Villion ne lui paraissait pas digne de la confiance que Messieurs Joubert et Giraud lui avaient montré en le nommant à Berre, attendu qu'il marchandait ses services, il aurait voulu au moins 1200 livres pour se nourrir, lui, sa mère et sa sœur, d'ailleurs on ne voulait pas de lui dans ce pays. Il faudrait lui préférer Monsieur Chieusse qui est enfant du pays, qui logerait dans sa maison et qui ne demanderait que ce que l'on voudrait bien lui donner et qui était demandé par la population.

Alors que les prêtres d'Arles rentraient peu à peu de l'exil, fut votée la loi de fructidor qui prescrivait un nouveau serment, celui « de haine à la royauté ». Elle fut affichée et promulguée à Arles le 3 octobre 1797. Quelques ecclésiastiques reprirent, pour la troisième fois, le chemin de l'étranger ou se cachèrent. Saint-Trophime fut livré le 26 novembre 1797 aux prêtres constitutionnels. Jean-Baptiste Giraud refusa de prêter ce nouveau serment, mais il cessa d'exercer les fonctions de vicaire général pour n'être pas soumis au cas de déportation. Il rédigea pour sa défense un petit mémoire où nous lisons :

« Depuis la loi du 19 fructidor, publiée et affichée ici le 3 octobre 1797, il s'est interdit toute fonction de grand vicaire ; il défie en conséquence qui que soit, qui puisse lui prouver qu'il ait exercé les fonctions de grand vicaire depuis le 3 octobre 1797 ; il est au contraire en état de prouver qu'il n'exerce aucune fonction de grand vicaire depuis le 3 octobre 1797 ; une personne de Fourques s'est présenté à lui depuis lors pour lui demander la permission de faire bénir son mariage à Saint-Trophime, ledit Giraud a répondu qu'il n'étoit rien qu'il

ne pouvoit plus rien en qualité de grand vicaire ; il a
fait la même réponse à M. Gastinel qui depuis la même
époque lui demandait de bénir un mariage de personnes
qui s'étoient présentées à lui. Ce que ledit Giraud
avance ici en sa faveur paraît un argument *ad homi-
nem* et lui faire penser qu'il n'est pas dans le cas de
déportation ».

Le dernier acte que nous connaissions de lui et où
figure la signature de son confrère Joubert est la lettre
qu'ils écrivirent à l'évêque de Marseille.

« A Arles, 5 mai 1798.

  « Monsieur,

« Lorsque vous avez conféré le titre de vicaire général à Monsieur Joubert et à moi, vous nous avez donné
tous les pouvoirs que les évêques peuvent accorder à
leurs vicaires généraux, il s'élève cependant souvent
bien des doutes dans l'occasion touchant l'administration de ces pouvoirs donnés en général qu'il seroit aisé
de résoudre si vous aviez spécifié dans vos lettres de
vicariat toutes les fonctions que vous nous avez donné
d'exercer dans le diocèse d'Arles et principalement
celles qui dans le sentiment de quelques canonistes
demandent un mandement spécial comme la dispense
de certains degrés de mariage et tant d'autres. Le défaut
de greffe et de secrétariat ne vous a pas permis de nous
expédier ces lettres en la forme ci-devant usitée et à
raison des circonstances présentes où la prudence exige
beaucoup de sobriété dans ces sortes d'actes, comme
vous nous dites, mais il semble que vous pourriez suppléer à ce défaut de lettres de vicariat en nous délé-
guant les facultés qui sont accordées aux évêques et
administrateurs des diocèses de France, ainsi qu'il
conste dans la collection des décisions et décrets rendus
par N. S. Père le pape Pie VI en date des années 1791,
2, 3 et 4 : par cette concession et faveur que vous nous

délégueriez avec le pouvoir de subdéléguer dans le besoin, vous nous mettriez dans la plus grande latitude pour tous les cas qui peuvent survenir, nous ne suspendrions point alors nos décisions dans des cas urgents comme il nous est arrivé par le passé ; nous vous éviterions peut-être des lettres écrites à ce sujet contenant des difficultés qui peuvent vous fatiguer à votre grand âge et vous *(mot illisible)* toutes celles qui se présentent à nous fréquemment. Nous laissons à votre grande sagesse de prononcer là-dessus ce que vous jugerez le plus convenable, et nous nous y soumettons d'avance bien volontiers. Nous bénissons au reste le Seigneur du grand bien que vous faites à un âge si avancé, nous lui demandons sans cesse la conservation de vos jours si précieux à la religion, particulièrement nous vous remercions de tout ce que vous nous dites d'obligeant dans la dernière lettre que vous avez pris la peine d'écrire à M. Pomme, l'homme de Dieu et le véritable apôtre de notre église catholique d'Arles, et nous ne cesserons d'être avec le respect le plus profond,

« Vos très humbles et très obéissants serviteurs,

« Joubert, v. g., Giraud, v. g.

« Au citoyen Jean-Baptiste Belloy, à Chambly, département de l'Oise ».

Le mois suivant, le 11 messidor, 30 juin, le chanoine Giraud mourait dans son domicile, à 1 h. 1/2 du soir. La plus grande partie de ses biens passèrent entre les mains des pauvres, entre autres, 50.000 livres qui revenaient de droit à la Charité, d'après le testament de son frère. Il laissa pourtant 1.000 livres à chacun de ses deux cousins Maureau, et pareille somme à leur mère. Il n'oublia pas non plus les personnes à son service, même celles qui avaient obligé son frère. Il leur laissa à chacune un petit pécule.

L'inventaire de ses meubles fait par les notaires Chapus et Vallière, le 23 messidor an VI, monta à 11.644 livres, 5 sols.

Les nombreux papiers qu'a laissés l'abbé Giraud, ont été recueillis avec un soin pieux par Louis Mège et sont déposés aujourd'hui à la bibliothèque d'Arles. ils contiennent, nous l'avons déjà dit, bien des passages intéressant surtout notre histoire d'Arles. Malheureusement trop peu de réflexious accompagnent ces nombreuses notes qui paraissent bien froides. Au rebours de l'abbé Bonnemant, son brillant émule en archéologie et en orthodoxie, il ne critique presque jamais. Cependant il était à même de porter un jugement.

Voici l'appréciation qu'il a donnée du testament d'Antoine Laugier :

« Ce testament renferme des choses extraordinaires et qui pêchent contre toutes les loix ; comme par exemple lorsqu'il dit p. 9, qu'aucune puissance séculière ou ecclésiastique ne pourra en aucune manière changer ou diminuer ses dispositions. N'est-ce pas là ôter la liberté au magistrat, ainsi qu'à l'évêque, de donner telle interprétation nécessaire à certains articles du testament, en cas de difficulté ou d'inconvénient qui peut résulter de telle exécution contre la justice.

Il veut p. 10, qu'une religieuse à qui il lègue une pension de 100 livres, puisse la retirer sans la permission de sa supérieure. Est-ce qu'une religieuse le peut ? N'est-ce pas là détruire l'essence du vœu qui porte que toute personne religieuse par son vœu de pauvreté ne pourra disposer de quoi que ce soit, sans l'autorité et consentement de ses supérieurs. M. Laugier ou son notaire, ne connoissoit point la nature du vœu de religion, et par là ce que les engagemens contractés défendent à une religieuse...

Il veut p. 10 et lègue aux filles de tel et tel, à chacune d'elles une pension de 100 livres qui leur sera comptée lorsqu'elles se marieront, et au cas qu'elles ne se marient pas le légat sera caduc et comme non fait. N'est-ce pas là forcer la vocation d'une fille pour cet état?

Il lègue à une autre p. 12, une pension de 120 livres, à condition qu'elle sera pensionnaire dans un couvent, sans qu'elle puisse en choisir un autre, faute de quoi il n'y a point de pension ; si elle veut être religieuse, il lui lègue 2.000 livres, si elle ne veut pas être religieuse, point de legs de 2.000 livres ; où a-t-on vu qu'on force ainsi la volonté des hommes ? »

Les recteurs font ce qu'ils veulent : « ayant changé ce qu'ils ont voullu. Les enfans sont placés, les uns à Marseille, d'autres à Pézenas, ainsi qu'à Paris ou Lyon, comme veut M. Laugier. Plus ils donnent aux enfants quels qu'ils soient, riches ou pauvres indistinctement la somme de 450 livres, quoiqu'il charge la conscience des recteurs, s'ils en agissent autrement. Cette substitution des enfans des uns aux autres va à l'infini, et ne peut que donner lieu à des discussions propres à mettre le trouble et la confusion dans un bureau ou parmi les recteurs. M. Laugier s'est fait des parens par son testament, car il n'en avoit point auparavant. Il a trouvé un notaire intéressé, et qui de là ne pouvoit que favoriser ses idées (1). »

Telle est la vie de ce prêtre d'ancien régime. Très attaché aux obligations de son état, il les remplit avec une exactitude rigoureuse. Doué de qualités extérieures appréciables, facile dans ses rapports avec l'autorité, entendu en affaires en même temps qu'instruit et intelligent, il parvint jusqu'aux plus hautes dignités dans l'état ecclésiastique. Il traversa la période de la Révolution sans trop se compromettre parce que, avant de prendre aucune détermination, il cherchait à s'éclairer.

Bibl. d'Arles, m. 112, *Notes particulières sur l'église d'Arles*, p. 125.

Un jugement droit le mit aussi à l'abri de bien de faux
pas. Il aima toute sa vie le travail intellectuel. Il
s'entoura de bons livres. Cependant quelques ombres
apparaissent dans la physionomie de ce prêtre : c'est
ainsi qu'il ne réussit pas complètement comme curé de
Grans, et que toutes les mesures qu'il prit lorsqu'il était
vicaire général ne furent pas toujours approuvées. Un
homme quel qu'il soit n'est jamais parfait.

M. CHAILAN.

TABLE

Bergerac. — Imp. Générale du Sud-Ouest (J. Castanet)

PLACE DES DEUX-CONILS